응답기도

E. M. 바운즈 기도 클래식(E. M. Bounds Prayer Classics)

주님은 교회가 '기도하는 집'이라고 말씀하셨다막 11:17. 그렇다면 교인들은 '기도하는 사람들'이다. 그러나 요즘의 교회는 기도하는 집이 아니라 '공연公演하는 곳'이 되었고, 교인들은 기도하는 사람들이 아니라 관중觀衆이 되었다. 우리의 심령과 교회에 성령님이 계시지 않는데도 거짓된 평안에 안주하여 부르짖지 않는다. 오늘 우리의 심령의 문, 교회의 문을 열면 마치 냉동고의 문을 열 때와 같은 싸늘한 냉기가 느껴지지 않는가? 이제 우리의 현실을 직시하고 우리의 차가운 심령과 교회에 기도의 불을 지펴 성령의 용광로가 펄펄 끓는 곳이 되게 하자! 이에 규장은 역사적으로 그 능력이 검증된 기도의 화부火夫, 기도의 선지자 'E. M. 바운즈 기도 클래식 시리즈'총 10권 예정를 발행하여 한국의 모든 그리스도인의 심장에 기도의 불을 붙이려 한다. 기도의 화염방사기 바운즈가 당신의 심장을 하늘 불로 타오르는 심장으로 만들어줄 것이다.

Originally published in English under the title of

PRAYING THAT RECEIVES ANSWERS

Copyright ⓒ 1984 by Whitaker House

Published by Whitaker House,
1030 Hunt Valley Circle, New Kensington, PA 15068, U.S.A.

All rights reserved.

Korean Translation Copyright ⓒ 2008 by Kyujang Publishing Company

본 저작물의 한국어판 저작권은 Whitaker 출판사와의 독점계약으로 규장이 소유합니다.
저작권법에 의하여 한국 내에서 보호를 받는 저작물이므로 무단 전재와 무단 복제를 금합니다.

응답기도

E. M. 바운즈 지음
이용복 옮김

규장

엘 그레코(1541~1614), 〈베드로와 바울〉

우리는 사업을 뒤로 미루고 세상적인 즐거움을 포기하고
해 뜨기 전에 일어나 은밀한 곳에서
하나님을 만날 정도로 영적 갈망에 불타야 한다.
**이렇게 물불을 가리지 않고 뛰어들 때, 기도는 모든 반대 세력을 제압하고
입 벌린 지옥의 세력에게서 승리를 쟁취할 수 있다.**
지금 우리에게는 능력과 확신 가운데 기도하면서 하나님을 찾고,
그분을 붙들고, 그분의 창고에서 보물을 꺼내
영적인 일에 사용하는 사람이 필요하다.
힘없는 기도로는 응답을 받거나 역경을 극복하거나
온전하고 놀라운 승리를 얻을 수 없다.
기도는 하나님의 성도들을 괴롭히는 모든 장애물을 깨버리고,
모든 사슬을 끊으며, 모든 속박의 문을 열고, 모든 역경을 타파한다.

| 한국어판 편집자의 글 |

기도의 거장들에게서
기도응답의 비밀을 배운다!

부흥의 사람이요, 기도의 사람이었던 레오나드 레이븐힐은 이렇게 말했다.

"죄에 굶주린 이 시대를 구할 수 있는 것은 기도에 굶주린 그리스도인들이다."

그러나 우리의 영적 형편은 어떠한가? 가까이하기에는 너무 먼 것이 기도가 되지 않았는가? 교회 제직이라면 대표기도만 없어도 할 만할 텐데, 그 대표기도가 부담스러워 직분 맡는 것도 꺼려지는 것은 아닌가? 그래도 영 기도를 피할 수 없다면 원고를 들고 읽는, 대표기도代表祈禱가 '대본기도'臺本祈禱로 전락하는 것이다. 이것이 몸에 익으면 각자 식사기도도 원고를 들고 하지는 않을까?

기도는 우리에게 이만큼 생소한 것이 되고 말았다. 우리의 은밀한 골방기도가 대표기도로 뻗어 나가야 하는데도 불구하고, 골방기도의 습관 없이 대표기도를 하려니 그것이 퍼포먼

스 내지 교인들을 상대로 한 웅변이나 측면 설교에 머무르고 마는 것이다. 사정이 이렇게 된 데에는 본인 자신이 성경의 기도를 공부하지 않았거니와, 영적 교사들을 통해 그 기도를 힘써 배우지도 가르침을 받지도 못한 탓이 크다.

이제 우리가 누구를 탓하겠는가? 지금이라도 늦지 않았으니 성경이 제시하는 참된 기도를 힘써 배워서 남의 언어가 아닌 내 언어로, 달싹거리는 입술의 기교가 아닌 심령에서 터져 나오는 영靈의 부르짖음으로, 남의 무릎이 아닌 내 무릎으로 하나님께 나아가자.

기도의 가장 좋은 교과서는 성경이고, 가장 훌륭한 기도 본보기는 성경에 나오는 기도의 사람들의 기도이다. E. M. 바운즈는 이 책에서 우리를 성경 속 위대한 기도의 인물들에게로 인도한다. 그래서 그들을 통해 하나님을 감동시키고, 하늘 보좌를 움직이는 기도를 배우게 한다. 하나님의 뜻이 하늘에서 이룬 것같이 땅에서 이루어지는, 진정한 기도응답의 길로 우리를 안내한다.

이 책을 통해 우리의 기도 내용이 거듭날 것이며, 기도응답의 분명한 확신이 생길 것이다. 입술로 기도하는 사람이 아니라 기도의 영으로 기도하는 사람이 될 것이다. 기도의 영인 성령께서 우리의 죽은 기도를 살리실 것이다. 불의 영인 성령은 우리의 차가운 기도를 뜨겁게 달구실 것이다.

기도의 사람 바운즈는 우리의 머리가 아니라 우리의 심장에 기도의 뜨거운 불을 붙인다. 그는 우리에게 기도의 불을 토할 수 있는 사람이다. 왜냐하면 그는 잠자는 시간만 빼고 쉬지 않고 기도한 사람이기 때문이다. 기도에 '관하여' 말한 사람이 아니라 직접 기도한 사람이기 때문이다.

하나님을 향한 바운즈의 열정은 식을 줄 몰랐다. 하나님은 이런 그에게 성령의 감동을 충만히 부어주셨다. 성령의 감동이 없었다면 그는 자신의 보고寶庫에서 보물을 꺼내올 수 없었을 것이고, 따라서 수많은 현대 기독교 서적들을 능가하는 그의 탁월한 글도 탄생하지 못했을 것이다.

E. M. 바운즈는 분명 경건敬虔의 하늘에서 밝게 빛나는 별이다. 사도 시대 이후에 기도의 삶을 가장 놀랍고 깊이 있게 탐구한 사람이다.

자, 이제 기도의 심장을 간직한 바운즈에게서 기도응답의 비밀을 배우자!

규장 편집국장 김응국 목사

한국어판 편집자의 글

chapter 01	자신을 희생제물로 바치는 기도가 **응답 받는 최고의 기도이다**	12
chapter 02	뜨거운 회개의 기도를 통해 **주님 안으로 들어가라**	24
chapter 03	간절한 기도는 **하늘 보좌를 움직인다**	40
chapter 04	참된 기도는 언제나 **하나님의 살아 계심을 증명한다**	56
chapter 05	상한 심령으로 **주님을 바라보라**	74
chapter 06	뜨거운 울부짖음이 있는 곳에 **성령의 불이 임한다**	92
chapter 07	기도하는 가정에서 **기도의 사람이 배출된다**	110

Contents
차례

chapter 08   기도하는 습관은 위기 상황에서도 **담대함을 갖게 한다**   124

chapter 09   기도의 능력은 **하나님의 은혜를 드러낸다**   138

chapter 10   기도 골방에서 죽는 자가 **진정한 순종을 할 수 있다**   154

chapter 11   나의 무능함을 뼛속 깊숙이 인정하며 기도할 때 **하나님께서 쓰신다**   176

chapter 12   하나님을 부지런히 찾는 사람은 **기도하지 않을 수 없다**   192

chapter 13   그리스도인의 가장 치열한 **영적 격전지는 기도 골방이다**   210

chapter 14   하나님의 나라를 위해 기도하는 자는 **생명의 면류관을 얻는다**   224

성령님은 기도하는 성도에게 해같이 밝은 불멸의 소망과 불사不死의 노래를 주신다. 성령님은 다른 것에 대한 우리의 욕망과 관심이 희미해지고 사라질 때까지 성령세례와 성령님의 임재 가운데 천국의 환상을 더욱 아름답고 분명하게 보여주실 것이다. 그분은 우리 마음속에 천국의 음악을 들려주실 것이고, 결국 이 세상의 모든 음악은 활기 없는 불협화음으로 바뀔 것이다.

E. M. 바운즈
Edward McKendree Bounds

자신을 희생제물로 바치는 기도가 응답 받는 최고의 기도이다

chapter 01

기도는 태양도 멈추게 한다

구약 시대의 사람들은 하나님을 그들의 아버지라고 믿었고, 기도를 통해 하나님과 교제하는 것을 삶의 자연스러운 한 부분으로 여겼다. 이스라엘의 지도자들은 기도를 통해 그들의 아버지 하나님께 나아가는 습관에 철저한 사람들로 유명했다. 하나님의 자녀들이 기도하고, 그분이 사랑과 능력 가운데 응답하신 일은 구약의 주요 주제이다.

이스라엘 민족과 그들의 적敵 사이의 전투가 길어질 때, 그들이 기도하여 하나님께서 능력 가운데 개입하신 일이 여호수아서 10장에 기록되어 있다. 석양 무렵이 되자, 이스라엘 사람들은 해가 길어져야 승리를 거둘 수 있다는 사실을 알게 되었다. 그때 저 용맹스러운 하나님의 사람 여호수아가 난국을 타개하기 위해 여호와의 군대를 위하여 기도했다.

하나님의 백성들은 승리의 열매를 풍성히 거두어들이려고 했지만, 해가 너무 빨리 지고 있었다. 그날의 승리에 너무나 많은 것이 걸려 있다는 것을 알았던 여호수아는 이스라엘 사람들이 지켜보는 가운데 "태양아 너는 기브온 위에 머무르라 달아 너도 아얄론 골짜기에 그리할지어다"(수 10:12)라고 외쳤다. 이 기도하는 하나님의 사람의 명령에 따라 태양이 실제로 정지했고, 달도 그 궤도에서 멈췄다. 결국 하나님의 백성들은 그들의 원수를 온전히 응징할 수 있었다.

기도는 사람의 마음을 바꾼다

저 유명한 철야기도의 밤이 있기 전에 야곱은 의義의 모범을 보여주는 삶을 살지 못했다. 그렇지만 그는 기도의 사람이었고, 기도에 응답하시는 하나님을 믿었다. 그는 역경에 처할 때 즉시 기도를 통해 하나님께 나아갔다. 왜냐하면 그는 그분이 자기 기도에 응답하실 것을 알았기 때문이다.

예를 들어, 형 에서를 피해 도망하는 중에 그는 기도했다. 도망가다가 밤이 되었을 때, 그는 편히 잠을 잘 수 있는 장소를 발견했다. 그날 밤 야곱은 놀라운 꿈을 꾸었는데, 꿈속에서 하나님의 천사들이 땅에서 하늘까지 닿은 사다리를 오르락내리락했다. 그는 잠에서 깨어나 "여호와께서 과연 여기 계시거늘 내가 알지 못하였도다"(창 28:16)라고 외쳤다.

이런 꿈을 꾼 후에 야곱은 전능하신 하나님과 분명한 언약을 맺었고, 기도로 하나님께 이렇게 서원했다.

> 하나님이 나와 함께 계시사 내가 가는 이 길에서 나를 지키시고 먹을 양식과 입을 옷을 주사 나로 평안히 아비 집으로 돌아가게 하시오면 여호와께서 나의 하나님이 되실 것이요 내가 기둥으로 세운 이 돌이 하나님의 전(殿)이 될 것이요 하나님께서 내게 주신 모든 것에서 십분 일을 내가 반드시 하나님께 드리겠나이다 창 28:20-22

전적으로 하나님을 의지하는 마음으로, 야곱은 하나님께 보호와 축복과 인도를 구하면서 엄숙히 맹세했다. 다시 말해서 그는 하나님께 구하는 것을 확실히 얻기 위해 서원기도를 드린 것이다.

그 후, 야곱이 라반의 집에 머무는 동안 20년의 세월이 흘렀다. 그는 라반의 두 딸과 결혼했고, 하나님께서는 그에게 자녀들을 주셨다. 그분이 그의 기도에 풍성히 응답하신 것이다. 많은 재물을 모은 야곱은 라반의 집을 떠나 고향으로 돌아가기로 결심했다. 고향에 가까이 왔을 때, 그는 그의 형 에서와 마주칠 수밖에 없다는 것을 깨달았다. 20년의 세월이 흘렀지만 야곱을 향한 에서의 분노는 사그라지지 않았다. 하지만 이미 하나님께서 그에게 "네 조상의 땅 네 족속에게로 돌아가라 내가 너와 함께 있으리라"(창 31:3)라고 말씀하신 상태였다.

이토록 절박한 상황 가운데 하나님의 약속이 그의 머릿속에 떠올랐다. 그리고 그가 오래 전에 하나님께 서원했다는 사실이 기억났다. 그리하여 그는 밤을 새워 기도했다. 그런데 그날 밤의 철야기도에서 설명하기 힘든 이상한 일이 일어났다. 그것은 그가 밤새도록 천사와 씨름하여 결국 승리를 얻었다는 것이다. 그는 천사에게 "당신이 내게 축복하지 아니하면 가게 하지 아니하겠나이다"(창 32:26)라고 말했다. 하나님께서는 그의 간절한 기도에 즉시 응답하여 그에게 풍성한 복을 주시고 그의 이름을 바꾸어주셨다. 또한 그의 마음의 소원을 아셨던 하나님은 에서의 분노가 사라지게 하는 은혜를 베푸셨다.

다음 날, 야곱과 에서가 만났을 때 에서는 자신에게 잘못한 동생에게 관용과 친절을 보여주었다. 기도가 아니고서는 에서의 마음에 일어난 놀라운 변화를 명쾌하게 설명할 수 없다.

최고의 기도

사무엘은 하나님의 사람으로서 이스라엘 민족을 위해 강력한 중보기도를 드린 사람이었다. 그는 어머니의 기도로 태어났다. 한나는 끈질긴 기도가 어떤 것이고 그것이 주는 유익이 무엇인지를 잘 보여주는 모범적인 기도의 사람이었다. 자녀가 없었던 그녀는 아들 낳기를 간절히 바랐다. 한나는 그녀의 소원에 온 영혼을 담았다. 그래서 그녀는 경배의 장소로 가서 하나님의 제사장 엘리를 만났다. 그녀는 심히 답답하고 곤고했기 때문에 마음속에 있는 것을 제대로 표현하기도 힘들었다. 그렇지만 그녀는 기도를 통해 자신의 마음을 여호와 앞에 쏟아놓았다. 소리 없이 드리는 그녀의 기도가 너무나 간절했기 때문에 제사장 엘리는 그녀가 술에 취한 줄로 오해했다. 그녀의 기도와 관련된 모든 사연을 알게 된 엘리는 "이스라엘의 하나님이 너의 기도하여 구한 것을 허락하시기를 원하노라"(삼상 1:17)라고 말했다. 사무엘은 한나의 믿음으로 얻은 소산이었고, 이스라엘은 그 믿음으로 말미암아 회복되었다.

하나님께서 한나의 믿음의 기도에 응답하셨기 때문에 사무엘이 태어났다. 이 기도의 여인과 그녀가 받은 응답을 살펴볼 때, 우리는 그녀가 기도응답을 간구하면서 하나님께 엄숙히 서원했다는 사실을 결코 간과해서는 안 된다. 자신을 온전히 희생제물로 바치는 기도가 믿음으로 드리는 최고의 기도이다. 하늘의 은혜를 사모하는 식을 줄 모르는 열정으로 하나님께 온전히 자신을 바칠 때 강력한 기도의 효과가 나타난다.

하나님의 팔이 짧아 닿지 못하는 곳은 없다

삼손의 신앙을 살펴보면 어느 정도 역설적인 측면이 드러난다. 그는 극단적인 결점들을 갖고 있었지만, 기도를 들으시는 하나님을 알았고 그분께 이야기하는 법을 알고 있었다.

이스라엘 민족이 하나님을 멀리 떠났지만, 그분은 그들의 부르짖음을 듣고 그 거리를 따라잡으셨다. 그들이 죄 속에 깊이 빠졌지만, 그분은 그들의 부르짖음을 듣고 그 깊이를 헤아리셨다. 그들이 억압의 사슬에 단단히 묶였지만, 그분은 그들의 부르짖음을 듣고 그 사슬을 끊어버리셨다. 자신의 백성을 위해 이루지 못할 일이 없으신 하나님께서는 그들이 기도하면 언제나 찾아와 구원을 베푸셨다. 문제는 그들이 이 진리를 배웠다가 망각하고 또 배웠다가 다시 망각하는 일이 반복되었다는 것이다. 우리는 각 시대마다 하나님의 모든 성도들이 이런저런 모양으로 각기 고난을 겪는 것을 본다. 그러나 종종 그들의 고난은 큰 승리를 알리는 전주곡前奏曲이 되었다. 고난의 이유와 원인이 무엇이든, 고난의 종류가 무엇이든, 고난의 정도가 어떠하든, 고난은 하나님의 기도응답을 막지 못했다.

삼손은 거의 초인적인 힘의 소유자였지만 고난을 면할 수는 없었다. 성경은 다음과 같이 말한다.

> 삼손이 레히에 이르매 블레셋 사람이 그에게로 마주 나가며 소리 지르는 동시에 여호와의 신의 권능이 삼손에게 임하매 그 팔 위의 줄이 불탄 삼과 같아서 그 결박되었던

손에서 떨어진지라 삼손이 나귀의 새 턱뼈를 보고 손을 내밀어 취하고 그것으로 일천 명을 죽이고 가로되 나귀의 턱뼈로 한 더미, 두 더미를 쌓았음이여 나귀의 턱뼈로 내가 일천 명을 죽였도다 말을 마치고 턱뼈를 그 손에서 내어던지고 그곳을 라맛 레히라 이름하였더라 삼손이 심히 목마르므로 여호와께 부르짖어 가로되 주께서 종의 손으로 이 큰 구원을 베푸셨사오나 내가 이제 목말라 죽어서 할례 받지 못한 자의 손에 빠지겠나이다 하나님이 레히에 한 우묵한 곳을 터치시니 물이 거기서 솟아나오는지라 삼손이 그것을 마시고 정신이 회복되어 소생하니 그러므로 그 샘 이름은 엔학고레라 이 샘이 레히에 오늘까지 있더라 삿 15:14-19

우리는 삼손의 삶에 일어난 또 다른 사건을 통해 큰 고난에 빠진 성도들이 어떻게 기도로써 무의식적으로 하나님을 바라보게 되는지 살펴볼 수 있다. 그들의 신앙생활이 아무리 얼룩졌다 할지라도, 그들이 하나님에게서 아무리 멀리 떠났다 할지라도, 그들이 아무리 죄에 빠져 있다 할지라도, 고난이 닥치면 그들은 예외 없이 하나님께 구원해달라고 부르짖었다. 왜냐하면 하나님께서 자신들에게 응답하실 것임을 알았기 때문이다. 대개의 경우, 그들이 회개했을 때 하나님은 그 부르짖음을 듣고 기도에 응답하셨다.

우리가 살펴보려는 사건은 삼손의 생애 마지막에 일어난 사건이다. 사사기 16장을 읽어보라. 삼손은 이방 여인 들릴라와 사랑에 빠졌다. 그런데 그녀는 블레셋 사람들과 공모하여 삼손의 엄청난 힘의 근원이 어디에 있는지 알아내려고 애썼다. 하지만 세 번 연속 실패했다. 그녀가 끈질기게 졸라 대자, 결국 삼손은 그 놀라운 비밀을 털어놓았다. 그는 그녀의 의도를 전혀 의심하지 않았고 자신의 힘의 근원이 한 번도 삭도를 대지 않은 머리카락에 있다고 밝혔다. 그날 밤 그녀는 그의 머리털을 자름으로써 그의 힘의 근원을 제거해버렸다. 그런 다음 블레셋 사람들을 불러들였고, 그들은 그를 고문하고 두 눈을 뽑았다.

그 후, 블레셋 사람들은 그들의 우상 신神 다곤에게 큰 제사를 드리기 위해 모였다. 그들은 삼손을 불러다가 자기들을 위해 재주를 부리게 함으로써 즐거움을 얻었다. 삼손은 그의 원수들, 즉 하나님의 원수들의 놀림감이 되었지만, 결국 어떤 일이 일어났는지 성경은 이렇게 말한다.

> 삼손이 자기 손을 붙든 소년에게 이르되 나로 이 집을 버틴 기둥을 찾아서 그것을 의지하게 하라 하니라 그 집에는 남녀가 가득하니 블레셋 모든 방백도 거기 있고 지붕에 있는 남녀도 삼천 명가량이라 다 삼손의 재주 부리는 것을 보더라 삼손이 여호와께 부르짖어 가로되 주 여호와여 구하옵나니 나를 생각하옵소서 하나님이여 구하옵나니 이번만 나로 강하게 하사 블레셋 사람이 나의 두 눈을 뺀 원수를 단번에 갚게 하옵소서 하고 집을 버틴 두 가운데 기둥을 하나는 왼손으로, 하나는 오른손으로 껴 의지하고 가로되 블레셋 사람과 함께 죽기를 원하노라 하고 힘을 다하여 몸을 굽히매 그 집이 곧 무너져 그 안에 있는 모든 방백과 온 백성에게 덮이니 삼손이 죽을 때에 죽인 자가 살았을 때에 죽인 자보다 더욱 많았더라 삿 16:26-30

이렇게 성도들이 기도하고 하나님이 응답하셨다는 기록은 구약의 중요한 내용을 이룬다.

Secrets of Prayer Answered 01

1 기도는 사람의 마음을 바꾼다.

절박한 상황 가운데서 하나님의 약속이 야곱의 머릿속에 떠올랐다. 야곱은 밤을 새워 천사와 씨름하며 그에게 "당신이 내게 축복하지 아니하면 가게 하지 아니하겠나이다"(창 32:26)라고 말했다. 하나님께서는 야곱의 간절한 기도에 즉시 응답하여 그에게 풍성한 복을 주시고 그의 이름을 바꾸어 주셨다. 또한 하나님은 에서의 분노가 사라지게 하는 은혜를 베푸셨다.

2 자신을 희생제물로 바치는 기도가 믿음으로 드리는 최고의 기도이다.

믿음으로 한나는 사무엘을 낳았고, 한 민족이 그 믿음으로 말미암아 회복되었다. 자신을 희생제물로 바치는 기도가 믿음으로 드리는 최고의 기도이다. 하늘의 은혜를 사모하는 식을 줄 모르는 열정으로 하나님께 온전히 자신을 바칠 때 강력한 기도의 효과가 나타난다.

3 우리가 회개할 때 하나님께서 기도에 응답하신다.

큰 고난에 빠진 성도들은 무의식적으로 하나님을 바라본다. 우리가 하나님에게서 아무리 멀리 떠났다 할지라도, 고난이 닥치면 우리는 예외 없이 하나님께 구해달라고 부르짖는다. 왜냐하면 하나님께서 우리에게 응답하실 것임을 알기 때문이다. 대개의 경우, 우리가 회개할 때 하나님께서는 그 부르짖음을 듣고 기도에 응답하신다.

그러므로 형제들아 내가 하나님의 모든 자비하심으로 너희를 권하노니
너희 몸을 하나님이 기뻐하시는 거룩한 산 제사로 드리라 이는 너희의 드릴 영적 예배니라

로마서 12장 1절

호머 핫지
Homer W. Hodge

단단히 결심하고 새벽에 일어나 하나님을 위해 자신을 다 태워버릴 사람들이 생기면 얼마나 좋겠는가! 농부가 그의 낫에서 이슬을 떨어내기 전에, 행상인이 짚이 깔린 운반대에서 자연의 보물인 과일들을 들어올려 새벽 손님 앞에 펼쳐놓기 전에, 이른 새벽과 더불어 천국으로 당당히 들어가 해변 없는 바다에서 온 복福을 가득 실은 배를 영혼의 항구로 끌고 올 수 있는 신앙인이 있다면 얼마나 좋을까!

뜨거운 회개의 기도를 통해 주님 안으로 들어가라

chapter 02

물고기 배 속에 기도 골방을 예비하신 하나님

큰 물고기 배 속에서 기도한 사람 요나 또한 구약에 등장하는 기도의 사람 중 두드러진 인물이다. 하나님의 선지자 요나는 하나님의 낯을 피해 선교해야 할 땅으로부터 도망친 사람이었다. 그 전에 하나님은 그에게 사악한 성城 니느웨에 가서 경고의 메시지를 전하라는 사명을 주셨다. 다시 말해서 하나님은 그에게 "너는 일어나 저 큰 성읍 니느웨로 가서 그것을 쳐서 외치라 그 악독이 내 앞에 상달하였음이니라"(욘 1:2)라고 말씀하셨다.

그러나 요나는 두려움 때문에 혹은 다른 이유 때문에 하나님의 명령에 거역하는 편을 택했다. 그리고 자기가 하나님으로부터 도망칠 수 있다고 생각하고는 다시스로 가는 배에 올라탔다. 그는 사명을 주신 하나님께서 다시스로 가는 배 밑창에 숨어 있는 자기를 보고 계시다는 사실을 간과했다.

요나가 탄 배가 다시스를 향해 가는 중에 폭풍이 일어났다. 뱃사람들은 하나님의 진노를 풀어드리고 배와 그 안에 탄 모든 사람의 멸망을 피하기 위해 요나를 배 밖으로 던졌다. 그러나 처음부터 요나와 함께 계셨던 하나님께서는 그때도 그와 함께 계셨다. 하나님은 요나가 그의 사명을 버리고 도망하지 못하도록 할 뿐 아니라 죽지 않고 살아서 하나님의 뜻을 성취하도록 하기 위해 큰 물고기를 예비하여 요나를 삼키게 하셨다.

부활을 예고한 능력의 기도

큰 물고기 배 속에 들어간 요나는 이해하기 힘들고 두려운 체험을 하게 되자 하나님께 부르짖었다. 하나님께서 그의 기도를 들으시고 물고기로 하여금 그를 마른 땅 위에 토해내도록 하셨다. 도대체 무엇이 물고기 배 속이라는 무서운 곳에서 그를 구해낼 수 있었겠는가? 요나는 '스올의 뱃속'(욘 2:2)에서 절망적인 상태에 빠져 있었다. 그러나 그는 기도했다. 사실 그는 다른 어떤 것도 할 수 없는 처지였다. 고난이 닥치면 기도하는 습관이 그에게 있었던 것이다.

> 내가 받는 고난을 인하여 여호와께 불러 아뢰었삽더니 주께서 내게 대답하셨고 내가 스올의 뱃속에서 부르짖었삽더니 주께서 나의 음성을 들으셨나이다 … 여호와께서 그 물고기에게 명하시매 요나를 육지에 토하니라 욘 2:2,10

다른 사람들과 마찬가지로 요나도 그의 기도를 서원과 연결시키면서 "나는 감사하는 목소리로 주께 제사를 드리며 나의 서원을 주께 갚겠나이다 구원은 여호와께로서 말미암나이다"(욘 2:9)라고 기도했다.

기도는 요나를 '스올의 뱃속'에서 구해낸 강력한 힘이었다. 기도, 즉 강력한 기도가 목적을 성취했다. 신실하지 못한 요나가 사명을 저버리고 도망가는 죄를 범했지만 그는 기도를 통해 하나님의 구원을 맛보았다. 하나님은 그의 기도를 거부하실 수 없었다. 기도의 힘이 미치지 못할 곳은 없다. 하나님께는 어떤 기도에도 응답하실 수 있는 능력이 있기 때문이다.

요나의 기도는 예수 그리스도의 부활에서 드러난 기적적인 능력을 예언하는 구약의 예표豫表가 되었다.

가장 단순하면서도 가장 강력한 기술

하나님의 구원의 역사를 나타내는 이런 놀라운 이야기들을 통해 성경은 하나님이 듣고 응답하신다는 사실을 보여주고, 기도가 의미 있고 가치 있는 것임을 분명히 밝힌다. 구약의 성도들은 이것을 확실히 믿었다. 그들의 삶에서 뚜렷이 지속적으로 나타나는 한 가지 특징은 하나님께서 기도에 응답하실 것이라고 믿었다는 점이다. 그들은 근본적으로 기도의 사람들이었다.

우리에게는 '기도'라는 놀라운 기술을 가르쳐줄 학교가 얼마나 절실히 필요한가! 모든 기술 중에서 가장 단순하지만 모든 능력 중에서 가장 강력한 이 기도가 오늘날 잊혀지거나 훼손될 위기에 놓여 있다. 우리가 성장함에 따라 세상은 우리가 어릴 적에 배운 기도의 교훈을 파괴하려고 끊임없이 애쓴다. 그렇지만 구약의 성도들은 우리에 비해 문화적으로 소박한 시대에 살았기 때문에 기도하는 데 어려움을 덜 겪었다. 그들은 하나님을 향해 어린아이처럼 순수한 믿음을 가졌다.

회개의 기도로 구원의 기쁨을 회복하라

기도하는 습관으로 주목 받는 구약의 성도들을 언급할 때 우리가 결코 빼놓을 수 없는 사람이 바로 다윗이다. 다윗은 기도를 통해 하나님과 교제하는 일에 탁월했기 때문에 구약의 성도들 중에서 가장 주목을 받을 수밖에 없다. 기도는 그의 습관이었다. 그는 "저녁과 아침과 정오에 내가 근심하여 탄식하리니 여호와께서 내 소리를 들으시리로다"(시 55:17)라고 말했다. 이스라엘의 기품 있는 시편 기자 다윗에게는 기도가 결코 낯선 일이 아니었다. 그는 하나님을 만나는 방법을 알았다. 종종 사람들은 다윗이 하나님과 교제를 나누고 있는 모습을 발견하곤 했다.

그러므로 그가 "오라 우리가 굽혀 경배하며 우리를 지으신 여호와 앞에 무릎을 꿇자"(시 95:6)라고 외친 것은 당연한 일이다. 그는 하나님이 기도에 응답하시는 분임을 알았다. 그래서 이렇게 고백했다.

> 기도를 들으시는 주여 모든 육체가 주께 나아오리이다
>
> 시 65:2

다윗의 통탄할 만한 죄가 하나님의 원수들에게 훼방할 기회를 주었기 때문에 하나님께서는 밧세바의 아이를 치셨다. 그때 다윗은 아이의 회복을 위해 일주일을 꼬박 금식하며 기도했다. 결국 하나님께서는 그의 소원을 들어주지 않으셨지만, 그렇다고 해서 그의 기도 습관이나 하나님을 향한 믿음이 변한 것은 아니었다. 하나님께서 이 아이를 살려주지 않으셨지만, 후에 다윗에게 솔로몬이라는 다른 아들을 주셨다.

이 기도의 때에 다윗은 회개의 기도를 드렸다. 선지자 나단은 하나님의 명령에 따라 다윗의 두 가지 죄, 즉 살인과 간음을 지적했다. 다윗은 즉시 나단에게 자신의 죄를 인정하면서 "내가 여호와께 죄를 범하였노라"(삼하 12:13)라고 말했다. 그가 자신의 죄를 마음속 깊이 슬퍼하면서 진정으로 회개한 것이 시편 51편에 기록되어 있다.

다윗은 그의 죄를 용서해주실 하나님을 어떻게 만날 수 있는지 알았다. 하나님은 그를 다시 받아주셨다. 그는 정직하고

뜨거운 회개의 기도를 통해 구원의 기쁨을 회복했다. 이렇게 하나님께서는 회개의 기도를 드리는 모든 죄인에게 응답하신다. 즉, 그분은 그들의 죄를 용서하고 그들에게 새 마음을 줌으로써 그들을 은혜의 자리로 다시 불러들이신다.

시편 전체는 기도를 최대한 강조하면서, 하나님과의 개인적인 교제가 생명과 기쁨으로 충만할 수 있음을 보여준다.

겸손한 자의 기도에 능력이 있다

구약의 기도하는 성도들을 얘기할 때 우리가 또 빼놓을 수 없는 사람이 바로 솔로몬이다. 그가 만년晩年에 하나님을 떠난 것은 사실이지만, 그가 그의 통치 초기에 자주 기도한 것 역시 사실이다. 언젠가 그는 희생을 드리기 위해 기브온으로 갔다. 희생제사를 드리는 중에 그는 기도했다. 그날 밤 하나님께서 솔로몬의 꿈에 나타나서 "내가 네게 무엇을 줄꼬 너는 구하라"(왕상 3:5)라고 말씀하셨다. 그가 하나님께 구한 것에서 우리는 그의 됨됨이를 엿볼 수 있다. 이것에 대한 기록을 읽어보자.

나의 하나님 여호와여 주께서 종으로 종의 아비 다윗을
대신하여 왕이 되게 하셨사오나 종은 작은 아이라 출입할
줄을 알지 못하고 주의 빼신 백성 가운데 있나이다 저희
는 큰 백성이라 수효가 많아서 셀 수도 없고 기록할 수도
없사오니 누가 주의 이 많은 백성을 재판할 수 있사오리
이까 지혜로운 마음을 종에게 주사 주의 백성을 재판하여
선악을 분별하게 하옵소서 왕상 3:7-9

하나님께서는 솔로몬의 기도를 들으시고 풍성한 능력을 베
풀어 응답하셨다. 성경을 계속 읽어보자.

솔로몬이 이것을 구하매 그 말씀이 주의 마음에 맞은지라
이에 하나님이 저에게 이르시되 네가 이것을 구하도다 자
기를 위하여 수壽도 구하지 아니하며 부富도 구하지 아니
하며 자기의 원수의 생명 멸하기도 구하지 아니하고 오직
송사를 듣고 분별하는 지혜를 구하였은즉 내가 네 말대로
하여 네게 지혜롭고 총명한 마음을 주노니 너의 전에도
너와 같은 자가 없었거니와 너의 후에도 너와 같은 자가

일어남이 없으리라 내가 또 너의 구하지 아니한 부와 영광도 네게 주노니 네 평생에 열왕 중에 너와 같은 자가 없을 것이라 왕상 3:10-13

얼마나 능력 있는 기도인가! 솔로몬은 "종은 작은 아이라"(왕상 3:7)라고 고백함으로써 자기를 낮추는 겸손한 자세를 보여주었다. 그는 자기에게 필요한 것을 하나님께 구체적으로 말씀드렸다. 그의 이런 자세를 보시고 하나님은 그가 구한 것 이상으로 응답해주셨다.

솔로몬의 기도의 모범은 성전 봉헌 때 드린 기도에서 발견된다. 아마도 이것은 하나님의 말씀에 기록된 기도 중 가장 긴 기도일 것이다. 얼마나 포괄적이고 구체적이고 강력한가! 솔로몬은 기도 없이 하나님의 집의 기초를 놓을 수 없었다. 그래서 하나님은 전에도 그랬듯이 솔로몬의 기도에 응답하셨다.

여호와의 영광이 여호와의 전殿에 가득함이었더라 왕상 8:11

이것은 하나님께서 이 경배하는 집과 기도하는 왕 솔로몬을 받으신다는 것을 보여주는 증거였다.

열심히 기도한 구약의 성도들이 너무 많기 때문에 그들에 대해 길게 얘기할 수는 없다. 성경 속에서 기도하는 하나님의 사람을 찾을 때, 우리는 위대한 복음의 선지자 이사야와 눈물의 선지자 예레미야를 결코 빼놓을 수 없을 것이다. 성경을 주의 깊게 읽는 사람은 구약 시대를 살았던 성도들의 마음과 삶에서 기도가 얼마나 큰 비중을 차지했는지 알게 될 것이다.

하나님의 이름을 부르는 자

인간이 이 땅에 거하기 시작했을 때부터 기도는 시작되었다. 하나님께서 은혜 중에 준비하신 가장 복잡한 계획에서만 기도의 능력이 요구되는 것은 아니다. 기도의 능력은 하나님이 은혜 가운데 예비하신 가장 단순한 계획에서도 요구된다.

하나님의 친구 아브라함은 기도의 능력을 확실히 믿었던 구약의 성도 중 한 사람이다. 아브라함은 이름뿐인 공허한 존재가 아니었다. 하나님께서는 그에게 온 가족을 데리고 미지未知의 땅으로 떠나라고 명령하셨다. 여행 중에 어떤 곳에서 하룻밤 또는 그 이상을 머물 때에 그는 언제나 단을 쌓고 거기서 하나님의 이름을 불렀다.

> 그가 거기서 여호와의 이름을 불렀더라 창 13:4

이 기도와 믿음의 사람은 가족 제단을 최초로 쌓은 사람이었다. 그는 제단 주위에 온 가족을 모아 놓고 경배와 찬양과 기도를 올렸다. 그의 제단은 개인기도의 차원에 머문 것이 아니라 그의 온 가족이 참여한 제단이었다.

기도로 거룩해지는 삶

하나님의 계시가 점점 더 충만하고 완전해짐에 따라 아브라함의 기도도 더 크고 깊어졌다. 이렇게 하나님을 만나는 중에 아브라함은 그분 앞에서 엎드렸고 하나님께서 그에게 말씀하셨다(창 17:3). 또 다른 경우에 이 '믿음의 조상' 아브라함은 하나님 앞에 엎드려 기도하다가 전능하신 하나님의 응답과 계시와 계획을 듣고 매우 놀랐다. 왜냐하면 하나님께서 그가 그의 노년에 아들을 얻을 것이며, 그 아들이 존귀한 자가 될 것이라고 약속하셨기 때문이다. 심지어 이스마엘의 운명도 "이스마엘이나 하나님 앞에 살기를 원하나이다"(창 17:18)라는 아브라함의 기도에 의해 결정되었다.

아브라함이 하나님 앞에 서서 사악한 성城 소돔을 위해 중보기도를 드린 것은 너무나 감동적인 이야기이다. 소돔은 그의 조카 롯이 사는 곳이었는데, 하나님께서는 소돔을 멸망시키기로 결정하셨다. 그러나 아브라함의 기도는 소돔의 멸망을 얼마 동안 늦추었고, 소돔의 멸망의 조건은 거의 전적으로, 겸손하고 끈질긴 그의 기도 덕분에 완화되었다. 아브라함은 기도의 능력을 확신했고, 기도하는 법을 알았다. 소돔을 구하기 위해 그가 의지할 수 있는 방법이라고는 오직 기도뿐이었다.

아브라함이 소돔의 영적 상태를 너무 낙관적으로 보았기 때문에 결국 소돔이 멸망했다고 보는 해석도 가능하다. 만일 아브라함이 하나님께 "소돔에 의인이 한 명만 있어도 롯을 위해 소돔을 용서하십시오"라고 한 번 더 간청했더라면, 그분이 그의 간청에 유의하셨을지도 모른다.

기도가 습관이었던 사람

아브라함이 기도를 통해 능력의 하나님께 도움을 받았다는 사실을 보여주는 또 다른 경우가 있다. 그는 그랄로 가서 거기서 머물렀다. 그는 아비멜렉이 자기를 죽이고 자기 아내 사라를 빼앗아 정욕을 충족시킬지도 모른다는 두려움에 휩싸였다. 그리하여 그는 사라가 자기의 누이라고 아비멜렉을 속였다. 하나님께서 아비멜렉의 꿈에 나타나셔서 사라가 아브라함의 누이가 아니라 아내이므로 손을 대지 말라고 경고하셨다. 또한 "이제 그 사람의 아내를 돌려보내라 그는 선지자라 그가 너를 위하여 기도하리니 네가 살려니와 네가 돌려보내지 않으면 너와 네게 속한 자가 다 정녕 죽을 줄 알지니라"(창 20:7)라고 말씀하셨다.

이 사건의 결말이 어떻게 되었는지는 창세기 20장에 기록되어 있다.

> 아브라함이 하나님께 기도하매 하나님이 아비멜렉과 그 아내와 여종을 치료하사 생산케 하셨으니 여호와께서 이왕에 아브라함의 아내 사라의 연고로 아비멜렉의 집 모든 태를 닫히셨음이더라 창 20:17,18

이것은 욥의 무서운 고난과 시련의 끝에 있었던 경우와 유사하다. 욥을 이해하지 못하고 하나님께서 그 종을 다루시는 방법을 알지 못했던 그의 친구들은 그가 죄에 빠져 있다고 오해하여 비난했다. 그들은 그가 그의 죄 때문에 고난을 당하는 것이라고 말했다. 그러나 하나님께서는 그의 친구들에게 "내 종 욥이 너희를 위하여 기도할 것인즉 내가 그를 기쁘게 받으리니"(욥 42:8)라고 말씀하셨고, "욥이 그 벗들을 위하여 빌매 여호와께서 욥의 곤경을 돌이키셨다"(욥 42:10).

전능하신 하나님께서는 자신의 종 욥이 기도의 사람임을 잘 아셨다. 그래서 하나님은 자신의 계획과 목적을 이루기 위해 욥의 친구들을 욥에게 보내셨고, 욥으로 하여금 기도하게 하셨다.

아브라함은 기도로 하나님 앞에 서기 위해 아침 일찍 일어났다. 하나님 앞에 서서 기도하는 것이 그의 습관이었다. 아브라함의 삶은 기도의 연속이었고, 그의 복福은 기도를 통해 거룩해졌다. 순례자의 길을 가면서 어느 곳에 멈추든지 그는 항상 거기서 기도로써 하나님의 복을 구하였다. 그의 희생의 제단 옆에는 언제나 기도의 제단이 나란히 놓여 있었다.

Secrets of Prayer Answered 02

1 기도의 힘이 미치지 못할 곳은 없다.

기도는 요나를 '스올의 뱃속'(욘 2:2)에서 구해낸 강력한 힘이었다. 기도, 즉 강력한 기도가 목적을 성취했다. 신실하지 못한 요나가 사명을 저버리고 도망가는 죄를 범했지만, 그는 기도를 통해 하나님의 구원을 맛보았다. 기도의 힘이 미치지 못할 곳은 없다. 하나님께는 어떤 기도에도 응답하실 수 있는 능력이 있기 때문이다.

2 정직하고 뜨거운 회개의 기도를 통해 구원의 기쁨을 회복할 수 있다.

선지자 나단이 다윗의 죄를 지적하자, 다윗은 즉시 자신의 죄를 인정했다. 다윗은 그의 죄를 용서해주실 하나님을 어떻게 만날 수 있는지 알았다. 이 기도의 때에 다윗은 회개의 기도를 드렸다. 그래서 그는 정직하고 뜨거운 회개의 기도를 통해 구원의 기쁨을 회복했다. 이렇게 하나님께서는 회개의 기도를 드리는 모든 죄인에게 응답하신다.

3 하나님 앞에서 기도하는 것이 습관이 되게 하라.

아브라함은 기도로 하나님 앞에 서기 위해 아침 일찍 일어났다. 하나님 앞에 서서 기도하는 것이 그의 습관이었다. 아브라함의 삶은 기도의 연속이었고, 그의 복(福)은 기도를 통해 거룩해졌다. 순례자의 길을 가면서 어느 곳에 멈추든지 그는 항상 거기서 기도로써 하나님의 복을 구하였다. 그의 희생의 제단 옆에는 언제나 기도의 제단이 나란히 놓여 있었다.

> 그러므로 너의 이 악함을 회개하고 주께 기도하라
> 혹 마음에 품은 것을 사하여 주시리라
> 사도행전 8장 22절

헨들리 모울
Handley C. G. Moule

중보기도를 드리는 사람에게는 큰 은혜가 주어진다. 영국인 선교사 마틴Martyn은 "때때로 마음이 메마르고 우울해질 때 나는 종종 다른 사람들을 위해, 그들의 회심回心과 성화聖化와 사역의 번창을 위해 기도했다. 그러면 내 영혼이 새롭게 소생하고 기쁨이 넘쳤다"라고 말했다. 이런 은사와 복에 대해 하나님께 중보기도를 드리는 것이 그에게는 그리스도 안에 있는 그의 책임과 의무를 새롭게 깨닫도록 하는, 하나님이 허락하신 자연스러운 방법이었다. 그리스도는 그의 안식과 능력이 되셨고, 주님의 일을 위해 온전히 헌신함으로써 얻을 수 있는 완전한 자유 안으로 들어가는 문이 되셨다.

간절한 기도는 하늘 보좌를 움직인다

chapter 03

기도의 향이 꺼지지 않게 하라

기도하는 사람은 하나님의 계획에 순종하고, 그분의 계획이 이루어지도록 자신을 희생한다. 만일 기도가 개입하여 하나님의 진노를 풀어드리고 그분의 약속을 굳게 세우지 않는다면, 사람들의 죄는 하나님의 지혜롭고 선하신 뜻이 풍성하고 선한 열매를 맺지 못하도록 방해할 것이다. 모세가 사십 주야晝夜 동안 중보기도를 드리지 않았다면, 금송아지를 만들어 하나님을 배신한 이스라엘 민족은 정당한 심판을 받아 모조리 멸망했을 것이다.

모세의 기도는 그의 성품에 큰 영향을 미쳤다. 40일 동안 기도를 통해 하나님과 깊은 교제를 나눈 후에 그의 성품이 크게 바뀌었는데, 이것은 그가 율법을 받기 위해 하나님과 교제했을 때 겪은 변화보다 더 큰 것이었다. 긴 기도의 여정을 마치고 산에서 내려왔을 때 모세의 얼굴이 밝게 빛났다. 마찬가지로 우리도 기도할 때 성품이 변화되어 마음과 행동에 사랑이 가득하게 된다. 철야기도를 통하여 하나님께서는 '속여서 빼앗는 자 야곱' 같은 사람들을 변화시키셨으며, 그 결과 많은 사람들이 '왕 같은 이스라엘'로 변하여 사람들과 하나님 앞에서 능력 있는 삶을 살았다.

목적과 결과의 웅장함에서 모세의 사명을 능가하는 사명은 없었다. 그의 사명은 그 어떤 사명보다 무거운 사명이었다. 그의 사명은 그 어떤 것보다 더 큰 수고와 노력을 요구하는 어려운 사명이었다. 우리는 모세의 사명을 통해 기도가 얼마나 고귀한 일인지를 알 수 있다. 기도는 우리에게 필요한 지원을 공급해주는 역할만을 하는 것이 아니다. 기도는 우리를 불쌍히 여기고 오래 참으시는 하나님께서 자신의 뜻을 우리에게 전해주시는 긍휼의 통로이다. 또한 기도는 하나님의 진노를 막으며, 심판 대신 긍휼이 임하게 하는 수단이다.

사실 이스라엘 백성들에게는 모세 한 사람과 그의 사명이 기도응답이었다. 사무엘상 12장 8절에는 "야곱이 애굽에 들어간 후 너희 열조가 여호와께 부르짖으매 여호와께서 모세와 아론을 보내사 그 두 사람으로 너희 열조를 애굽에서 인도하여 내어 이곳에 거하게 하셨으나"라고 기록되어 있다. 이것은 히브리 민족을 애굽의 속박에서 건져낸 위대한 구원의 시작이었다.

하나님의 위대한 일들은 사람들의 기도로부터 시작되었고, 그들의 기도에 의해 형성되었다. 기도는 하나님과 직접 교제하는 것이다. 하나님은 자신의 성도들의 기도에 따라 행하고 명령을 내리기를 기뻐하신다. 기도는 하늘 보좌를 움직인다. 모세가 하나님께 막중한 사명을 받았지만, 만일 그가 기도하지 않았다면 그 일을 감당할 수 없었을 것이다. 자신의 향로를 기도의 향기로 가득 채우지 않았다면 그는 하나님의 백성을 다스릴 수도 없었고 하나님의 계획을 실행할 수도 없었다. 기도의 불이 계속 타오르고 기도의 향졸이 계속 올라가 향기를 가득 채우지 않으면 하나님의 일을 이룰 수 없다.

하나님과 친해지면 기도가 즐겁다

모세는 종종 하나님의 진노의 징계를 경감시키기 위해 기도했다. 바로는 하나님의 진노의 징벌을 완화시켜달라고 모세에게 네 번 기도 부탁을 했다. 혐오스러운 개구리들이 창궐했을 때, 바로는 모세에게 "여호와께 구하라"(출 8:8)라고 부탁했다. 성경의 기록을 보자.

> 모세와 아론이 바로를 떠나 나가서 바로에게 내리신 개구리에 대하여 모세가 여호와께 간구하매 여호와께서 모세의 말대로 하시니 개구리가 집에서, 마당에서, 밭에서 나와서 죽은지라 출 8:12,13

하나님께서는 이렇게 모세의 기도에 응답하셨다.

파리의 재앙이 온 애굽을 괴롭혔을 때, 바로는 다시 모세에게 "나를 위하여 기도하라"(출 8:28)라고 애처롭게 부탁했다. 모세가 바로를 떠나 하나님께 간구했고, 그분은 모세가 구한대로 응답하셨다.

하나님께서 천둥과 우박을 보내시고 불이 하늘에서 땅으로 떨어지게 하셨을 때, 애굽의 모든 농작물이 피해를 입었다. 이를 본 바로는 모세에게 다시 "여호와께 구하라"(출 9:28)라고 간절히 부탁했다. 모세는 홀로 광야의 은밀한 곳으로 가서 전능하신 하나님을 만나 기도했다.

> 모세가 바로를 떠나 성에서 나가서 여호와를 향하여 손을 펴매 뇌성과 우박이 그치고 비가 땅에 내리지 아니하니라
> 출 9:33

모세는 율법의 사람이었지만, 그런 그에게도 기도는 매우 강력한 능력을 발휘했다. 만일 그가 더욱 신령한 세대에 살았다면 "내 집은 기도하는 집이다"(눅 19:46)라고 말했을 것이다. 그는 기도의 근본 원리를 액면 그대로 받아들인 사람이었다.

기도는 하나님을 직접 만나는 방법이다. 이것을 분명히 보여준 사람이 바로 아브라함이다. 아브라함보다 더 분명히 보여준 사람이 있다면, 그가 바로 모세이다. 우리는 기도가 하늘 보좌를 움직인다는 사실을 명심해야 한다. 다시 말해서 하나님은 우리의 기도를 듣고 행동하신다. 이 원리로부터 우리는

'하나님께서는 우리의 기도를 듣고 자신의 행동을 바꾸시고 자신의 활동을 역전시키실 수도 있다'라는 또 하나의 원리를 끌어낼 수 있다. "너는 내게 부르짖으라 내가 네게 응답하겠고"(렘 33:3)라는 하나님의 뜻은 다른 모든 율법보다 강력하고 다른 모든 신의神意보다 더 확고하다.

모세는 담대하게, 자유롭게 또한 방해받지 않고 하나님을 만났다. 하나님을 가까이하여 그분과 친해지면 기도가 즐겁고 강력하게 변하며, 내용이 분명한 기도를 자주 드리게 된다. 하나님을 가장 잘 아는 사람들은 가장 풍성하고 강력한 기도 응답을 받을 수 있다. 하나님과 친하지 않은 사람들에게는 기도가 생소한 것으로 느껴진다.

모세는 기도로 해결하지 못한 극단적인 상황에 떨어지기도 했다. 그러나 기도할 때 하나님을 당황하게 만들 정도로 극단적인 상황이란 없다.

온유한 자의 기도를 들으시는 하나님

모세는 하나님께 거룩한 사명을 받았다. 그것은 하나님이 명령하고, 지도하고, 계획하신 사명이었다. 우리가 기도를 많이 할수록 하나님께서는 우리가 하는 일에 더 많이 개입하신다. 돌발 상황이 발생하자, 모세는 하나님의 백성들의 구원을 위해 사십 주야를 기도했다. 자기 백성들을 깊이 사랑한 모세는 이 긴 기도의 기간 동안 육체적인 연약함과 식욕조차 잊은 채 기도에 몰두했다.

이스라엘 민족이 금송아지 우상을 만들었을 때, 하나님께서는 크게 진노하여 모세에게 "나를 막지 말라 내가 그들을 멸하여 그 이름을 천하에서 도말하고 너로 그들보다 강대한 나라가 되게 하리라"(신 9:14)라고 말씀하셨다. 그러나 모세의 기도를 들으신 하나님께서는 이스라엘 민족을 멸하지 않으셨다.

이것이야말로 의인義人의 기도가 하나님의 마음을 움직일 수 있다(약 5:16)는 놀라운 사실을 보여주는 증거이다. 기도가 하나님의 마음을 돌이킬 수 있다는 사실은 우리에게 놀라움과 충격과 외경심마저 안겨준다. 이런 기도를 드리는 사람은 얼마나 담대하고 고결하며 헌신적인 사람인가!

하나님의 말씀에서 이 사실을 살펴보자.

여호와께로 다시 나아가 여짜오되 슬프도소이다 이 백성이 자기들을 위하여 금신金神을 만들었사오니 큰 죄를 범하였나이다 그러나 합의하시면 이제 그들의 죄를 사하시옵소서 그렇지 않사오면 원컨대 주의 기록하신 책에서 내이름을 지워버려주옵소서 여호와께서 모세에게 이르시되 누구든지 내게 범죄하면 그는 내가 내 책에서 지워버리리라 이제 가서 내가 네게 말한 곳으로 백성을 인도하라 내사자가 네 앞서 가리라 그러나 내가 보응할 날에는 그들의 죄를 보응하리라 여호와께서 백성을 치시니 이는 그들이 아론의 만든바 그 송아지를 만들었음이더라 출 32:31-35

고라가 반역했을 때 하나님께서는 반역의 무리에 동조한 모든 사람을 향해 맹렬한 진노를 발하셨다. 모세가 다시 중보기도를 드렸고, 이번에는 아론이 중보기도에 합류했다. 이로 보건대, 모세는 어려울 때에 어디로 가야 할지를 알았던 사람이다. 그는 하나님께서 진노를 돌이켜 이스라엘을 벌하시지 않도록 할 수 있는 방법은 오직 기도뿐이라는 것을 잘 알았다. 당시에 일어난 일에 대해 성경은 이렇게 말한다.

여호와께서 모세와 아론에게 일러 가라사대 너희는 이 회중에게서 떠나라 내가 순식간에 그들을 멸하려 하노라 그 두 사람이 엎드려 가로되 하나님이여 모든 육체의 생명의 하나님이여 한 사람이 범죄하였거늘 온 회중에게 진노하시나이까 민 16:20-22

아무리 비방을 해도 비방을 안 받는 비결, 기도

모세의 누이 미리암은 아론의 동조를 받으며 모세를 비난했다. 그러나 오만하고 주제넘은 그녀의 이런 행동 때문에 오히려 모세의 됨됨이와 기도가 더욱 고상하고 아름다운 빛을 발하게 되었다. 하나님께서는 미리암의 죄에 대해 문둥병으로 치셨다.

하지만 모세는 그토록 하나님의 진노를 유발한 그의 누이를 위해 사랑으로 간절하게 중보기도를 드렸다. 하나님은 그의 기도에 응답하여 무서운 불치병으로부터 그녀를 구해주셨다.

이 사건에 대한 기록은 매우 흥미롭다.

여호와께서 그들을 향하여 진노하시고 떠나시매 구름이 장막 위에서 떠나갔고 미리암은 문둥병이 들려 눈과 같더라 아론이 미리암을 본즉 문둥병이 들었는지라 아론이 이에 모세에게 이르되 슬프다 내 주여 우리가 우매한 일을 하여 죄를 얻었으나 청컨대 그 허물을 우리에게 돌리지 마소서 그로 살이 반이나 썩고 죽어서 모태에서 나온 자 같이 되게 마옵소서 모세가 여호와께 부르짖어 가로되 하나님이여 원컨대 그를 고쳐주옵소서 여호와께서 모세에게 이르시되 그의 아비가 그의 얼굴에 침을 뱉았을지라도 그가 칠 일간 부끄러워하지 않겠느냐 그런즉 그를 진 밖에 칠 일을 가두고 그 후에 들어오게 할지니라 하시니

민 12:9-14

쓴 물을 단물로 바꾸는 기도

이스라엘의 자손이 불평한 사건은 결국 기도의 능력을 다시금 극명하게 나타내는 계기가 되었다. 이 사건은 중보기도의 특징을 매우 인상적으로 드러내며, 기도하는 중보자로서의 모세의 위대한 사역을 한층 더 부각시킨다. 마라에 이르러 물

이 써서 마실 수 없게 되자, 이스라엘 백성들은 모세와 하나님을 원망하며 불평했다.

이 일에 대해 성경은 이렇게 말한다.

> 마라에 이르렀더니 그곳 물이 써서 마시지 못하겠으므로 그 이름을 마라라 하였더라 백성이 모세를 대하여 원망하여 가로되 우리가 무엇을 마실까 하매 모세가 여호와께 부르짖었더니 여호와께서 그에게 한 나무를 지시하시니 그가 물에 던지매 물이 달아졌더라 거기서 여호와께서 그들을 위하여 법도와 율례를 정하시고 그들을 시험하실새
>
> 출 15:23-25

이 땅의 쓴 물이 기도의 응답을 통해 달게 변하는 경우들이 얼마나 많은가! 그 수를 다 헤아리려면 영원히 세어야 할 것이다.

이스라엘 백성이 불평한 일이 다베라에서 또 일어났다. 하나님은 그들에게 진노하셨고, 모세는 문제를 해결하기 위해 다시 앞에 나가 그들을 위해 기도했다.

백성이 여호와의 들으시기에 악한 말로 원망하매 여호와께서 들으시고 진노하사 여호와의 불로 그들 중에 붙어서 진 끝을 사르게 하시매 백성이 모세에게 부르짖으므로 모세가 여호와께 기도하니 불이 꺼졌더라 민 11:1,2

내게 족한 하나님의 은혜

모세는 기도한 것을 받았다. 그는 구체적으로 구했고, 하나님도 구체적으로 응답하셨다. 그가 구할 때마다 하나님은 항상 듣고 응답하셨다. 그런데 모세가 기도응답을 받지 못한 적이 한 번 있었다. 그는 가나안 땅에 들어갈 수 있기를 기도했지만, 하나님은 허락하지 않으셨다. 약속의 땅을 보는 것은 허락되었지만, 요단강을 건너 그 땅 안으로 들어가는 것은 허락되지 않았다.

이와 비슷한 경우가 바울에게도 있었다. 그는 육체의 가시를 제거해달라고 하나님께 세 번 간구했지만, 그의 가시는 제거되지 않았다. 대신 하나님께서는 그 육체의 가시가 오히려 축복이 되게 하는 은혜를 허락하셨다.

여러 계시를 받은 것이 지극히 크므로 너무 자고하지 않게 하시려고 내 육체에 가시 곧 사탄의 사자를 주셨으니 이는 나를 쳐서 너무 자고하지 않게 하려 하심이라 이것이 내게서 떠나기 위하여 내가 세 번 주께 간구하였더니 내게 이르시기를 내 은혜가 네게 족하도다 이는 내 능력이 약한 데서 온전하여짐이라 하신지라 이러므로 도리어 크게 기뻐함으로 나의 여러 약한 것들에 대하여 자랑하리니 이는 그리스도의 능력으로 내게 머물게 하려 함이라 그러므로 내가 그리스도를 위하여 약한 것들과 능욕과 궁핍과 핍박과 곤란을 기뻐하노니 이는 내가 약할 그 때에 곧 강함이니라 고후 12:7-10

시편 90편은 모세의 시詩로 간주된다. 시편 90편에서 우리는 하나님의 율법을 전해준 사람의 기도를 엿볼 수 있다. 이것은 연구할 만한 가치가 있는 기도이다. 오랜 세월 동안 죽은 자들을 슬퍼하는 노래에 사용되어 왔기 때문에, 이 시가 종교적 의식儀式을 위한 시로 간주되는 것이 현실이다. 하지만 이것이 이런 식으로 우리에게 친숙하다고 해서 이 시의 깊은 의미를 놓쳐서는 안 된다.

　죽은 자를 위해서가 아니라 산 자를 위해 이 시를 깊이 음미하는 것이 좋다. 다시 말해서 우리는 이 시를 통해 어떻게 살아야 할지, 살면서 어떻게 기도해야 할지 그리고 어떻게 죽어야 할지를 배워야 할 것이다.

　모세는 이렇게 기도했다.

> 우리에게 우리 날 계수함을 가르치사 지혜의 마음을 얻게 하소서 … 주 우리 하나님의 은총을 우리에게 임하게 하사 우리 손의 행사를 우리에게 견고케 하소서 우리 손의 행사를 견고케 하소서 시 90:12,17

Secrets of Prayer Answered 03

1 기도는 우리의 성품을 변화시킨다.

40일간의 긴 기도의 여정을 마치고 산에서 내려왔을 때 모세의 얼굴은 밝게 빛났다. 마찬가지로 우리도 기도할 때 성품이 변화되어 마음과 행동에 사랑이 가득하게 된다. 철야기도를 통하여 하나님께서는 '속여서 빼앗는 자 야곱' 같은 사람들을 변화시키셨으며, 그 결과 많은 사람들이 '왕 같은 이스라엘'로 변하여 사람들과 하나님 앞에서 능력 있는 삶을 살았다.

2 하나님과 친밀하면 기도의 자리로 가는 것이 즐겁다.

하나님을 가까이하여 그분과 친해지면 기도가 즐겁고 강력하게 변하며, 내용이 분명한 기도를 자주 드리게 된다. 하나님을 가장 잘 아는 사람들은 가장 풍성하고 강력한 기도응답을 받을 수 있다. 하나님과 친하지 않은 사람들에게는 기도가 생소한 것으로 느껴진다.

3 한 사람의 중보기도가 천하(天下)를 살린다.

사실 이스라엘 백성들에게는 모세 한 사람과 그의 사명이 기도응답이었다. 모세가 사십 주야(晝夜) 동안 중보기도를 드리지 않았다면, 금송아지를 만들어 하나님을 배신한 이스라엘 민족은 정당한 심판을 받아 모조리 멸망했을 것이다. 중보기도는 하나님의 진노를 막으며, 심판 대신 긍휼이 임하게 하는 수단이다.

> 내가 또 너희에게 이르노니 구하라 그러면 너희에게 주실 것이요
> 찾으라 그러면 찾을 것이요 문을 두드리라 그러면 너희에게 열릴 것이니
>
> 누가복음 11장 9절

알렉산더 화이트
Alexander Whyte

구드윈Goodwin은 이렇게 말했다. "내가 아는 어떤 사람들은 하나님을 지극히 사랑했기 때문에 오직 그분과 함께 있기 위해 그분을 찾곤 했다. 그들은 그 이외의 다른 목적으로 하나님을 찾는 것이 그분과 자기 자신을 욕되게 하는 것이라고 여겼다. 사람들 사이에서도 자주 만나는 것이 우정을 유지하는 최고의 방법이 될 수 있다. 사업상 혹은 긴급한 필요에 의해 습관적으로 만나는 횟수는 점점 줄어들고, 순수한 동기에서 만나는 횟수가 점점 늘어날수록 그 우정은 더욱 깊어지고 즐거워진다."

참된 기도는 언제나
하나님의 살아 계심을 증명한다

chapter 04

우리와 성정이 같은 기도의 용사

엘리야는 선지자들 중에서도 대선배라고 할 수 있다. 면류관과 옥좌와 홀笏이 그의 것이다. 그의 옷은 희며 불꽃으로 타오른다. 엘리야는 강력한 기도와 뜨거운 열정을 가진 초인超人으로서 존경의 대상이 되곤 한다. 그러나 신약성경은 그가 우리와 성정性情이 같은 사람이라고 잘라 말한다(약 5:17). 신약은 결코 그를 초인이라고 여기지 않는다. 다만 놀라운 기도의 능력을 보인 사람이기 때문에 그를 본받고 분발하여 기도하라고 가르칠 뿐이다. 우리 시대에 절실히 요구되는 것은 엘리야처럼 기도하고 응답받는 것이다.

엘리야는 기도의 교훈을 배운 사람이었다. 그는 그의 이름이 성경에 오르기도 전에 '하나님의 기도학교'를 졸업했다. 산이나 광야의 은밀한 곳에서 그는 오직 하나님과 함께 있으면서 중보기도에 전념했다. 엘리야는 이스라엘을 타락시키는 아합 왕의 우상숭배를 멸하기 위해 중보기도를 드렸다. 하나님께서는 그의 기도에 확실히 응답하셨다. 그리고 그는 기도의 응답을 확신했다.

엘리야는 하나님께 우상 신神에게 복수할 것에 대해 의논했다. 그는 그의 시대, 즉 복수의 시대를 상징하는 인물이었다. 중보기도의 용사 엘리야는 사랑과 긍휼의 상징인 감람나무 가지를 두르는 것이 아니라, 공의와 진노의 상징인 불을 둘러야 했다. 확신과 거룩한 담대함으로 충만한 엘리야는 놀라고 겁먹은 아합 왕에게 뜨거운 기도를 통해 받은 두려운 메시지를 전했다(하나님은 그의 간구를 거절하지 않으셨다). 그는 아합 왕에게 "나의 섬기는 이스라엘 하나님 여호와의 사심을 가리켜 맹세하노니 내 말이 없으면 수년 동안 우로雨露가 있지 아니하리라"(왕상 17:1)라고 선포했다.

강력한 기도

"나의 섬기는(Before whom I stand) 이스라엘 하나님 여호와"라는 엘리야의 말에서 우리는 그가 하나님과 깊이 교제하면서 기도할 수 있었던 비결을 찾을 수 있다. 엘리야의 이 말과 유사한 표현이 천사장 가브리엘의 말에서 발견되는데, 가브리엘은 제사장 사가랴에게 세례 요한의 출생을 예고하면서 "나는 하나님 앞에 섰는 가브리엘이라"(눅 1:19)라는 표현을 사용했다. 하나님의 영광을 구하는 열정, 헌신, 담대함 그리고 순종의 의지意志에 있어서 가브리엘은 엘리야보다 조금 더 강했다.

엘리야는 놀라운 기도응답을 받았다! 그의 기도에는 지속적인 능력이 있었다! 성경은 "제[엘리야]가 비 오지 않기를 간절히 기도한즉 삼 년 육 개월 동안 땅에 비가 아니 오고"(약 5:17)라고 말한다! 그가 어떠한 사람이기에 수년 동안 비가 오지 않을 것이라고 예언하고 또 그 예언을 실현시킬 수 있었는가? 그의 기도는 전시효과展示效果를 노린 쇼나 속임수가 아니었고, 열의나 활기가 없는 공식적인 기도도 아니었다.

엘리야가 엘리야일 수 있었던 것은 그가 기도했기 때문이다. 그의 전인全人은 열정과 간절함과 절실함을 불어넣어 끊임

없이 기도했다. 엘리야는 전능하신 하나님의 실재를 확실히 느꼈다. 그의 기도는 하나님의 충만하신 능력이 이 땅 위에 직접 임하도록 만드는 수단이었다. 이런 그의 기도로 하나님의 영광과 능력이 드러났고, 더럽혀진 그분의 이름과 깨어진 율법이 회복되었으며, 그분의 종들의 명예가 되살아났다.

영문英文 개정 표준역 성경RSV은 야고보서 5장 17절을 "제[엘리야]가 … 간절히 기도한즉"이라고 번역하지 않고, 대신 "저가 … 자신의 기도 속에서 기도한즉" 또는 "저가 … 기도로써 기도한즉"이라고 번역했다. 다시 말해서 엘리야는 기도의 힘을 모두 하나로 합쳐서 기도했다는 말이다.

엘리야의 기도는 강력하고, 지속적이고, 저항할 수 없는 요소를 가지고 있었다. 나약한 기도는 아무 열매를 맺지 못하기 때문에 하나님의 영광을 드러내지 못할 뿐 아니라 인간에게도 유익을 주지 못한다.

죽음의 영역을 침투한 기도

엘리야는 그릿 시냇가에 숨어 지내는 동안 새롭고 더 차원 높은 기도를 배웠다. 아합 왕이 그를 찾기 위해 혈안이 되어 있을 때, 그는 하나님과 깊은 교제를 나누고 있었다. 얼마 후에 하나님께서는 그에게 사르밧으로 가라고 명령하시면서 "내가 그곳 과부에게 명하여 너를 공궤하게 하였느니라"(왕상 17:9)라고 말씀하셨다.

엘리야가 사르밧으로 간 것은 엘리야 자신에게뿐만 아니라 그 과부에게도 유익이 되었다. 이 여인이 그를 공궤했을 뿐만 아니라 그가 또한 그 과부를 공궤했다. 사실 과부가 엘리야를 위해 해준 것보다 그가 기도를 통해 그녀를 위해 해준 것이 더 많았다.

그런데 과부 앞에는 더 큰 시련과 더 큰 기도응답이 기다리고 있었다. 과부로서 가난하게 살아가는 그녀의 삶은 역경과 슬픔의 연속이었다. 그러나 엘리야는 과부에게 가서 그녀의 가난과 슬픔을 덜어주었다.

성경의 기록을 보자.

> 이 일 후에 그 집 주모되는 여인의 아들이 병들어 증세가 심히 위중하다가 숨이 끊어진지라 여인이 엘리야에게 이르되 하나님의 사람이여 당신이 나로 더불어 무슨 상관이

있기로 내 죄를 생각나게 하고 또 내 아들을 죽게 하려고 내게 오셨나이까 엘리야가 저에게 그 아들을 달라 하여 그를 그 여인의 품에서 취하여 안고 자기의 거처하는 다락에 올라가서 자기 침상에 누이고 여호와께 부르짖어 가로되 나의 하나님 여호와여 주께서 또 내가 우거하는 집 과부에게 재앙을 내리사 그 아들로 죽게 하셨나이까 하고 그 아이 위에 몸을 세 번 펴서 엎드리고 여호와께 부르짖어 가로되 나의 하나님 여호와여 원컨대 이 아이의 혼으로 그 몸에 돌아오게 하옵소서 하니 여호와께서 엘리야의 소리를 들으시므로 그 아이의 혼이 몸으로 돌아오고 살아난지라 엘리야가 그 아이를 안고 다락에서 방으로 내려가서 그 어미에게 주며 이르되 보라 네 아들이 살았느니라 여인이 엘리야에게 이르되 내가 이제야 당신은 하나님의 사람이시요 당신의 입에 있는 여호와의 말씀이 진실한 줄 아노라 하니라 왕상 17:17-24

엘리야의 기도는 그때까지 그 어떤 기도도 가보지 못한 영역으로 들어갔다. 그의 기도는 무섭고 신비롭고 강력한 사자

死者들의 영역 안으로 뚫고 들어갔다. 하나님께서 엘리야의 기도에 응답하셨기 때문에 과부는 굶어 죽지 않았고 그녀의 아들은 다시 살아났다! 외아들을 잃은 슬픔만큼 큰 슬픔이 어디 있겠는가!

말씀의 진실성을 보여주는 증거

엘리야는 얼마나 큰 확신을 가지고 그 상황을 대면했는가! 그의 행동에는 주저함이 없었고, 그의 믿음에는 중단이 없었다. 그는 죽은 아이를 자기 방으로 데리고 가서 오직 하나님 앞에서 기도했다. 하나님께서 그 방에서 그를 만나주신 것이다! 하나님과 엘리야의 만남은 제3자가 감히 낄 수 없을 정도로 지극히 강렬하고 성스러웠다.

엘리야는 다른 어떤 존재가 아닌 바로 하나님께 기도를 드렸다. 그리고 그의 기도제목을 하나님 앞에 내어놓았다. 사자들의 세계를 지배하는 힘을 갖고 계신 유일한 분이신 하나님께서 그 아이를 넘겨받으셨다. 생명과 죽음을 주관하는 분은 오직 하나님이시다. 엘리야는 그분이 그 아이의 영靈을 취하여 회복시키실 수 있다고 믿었다.

하나님은 엘리야의 기도에 응답하셨다. 그분의 응답은 하나님 말씀의 진실성과 엘리야의 사명을 확인시켜주었다. 죽은 아이가 다시 살아났기 때문에 그 아이의 어머니는 "내가 이제야 당신은 하나님의 사람이시요 당신의 입에 있는 여호와의 말씀이 진실한 줄 아노라"(왕상 17:24)라고 고백했다. 기도응답은 살아 계신 하나님과 하나님 말씀의 진실성을 보여주는 증거이다.

하나님의 살아 계심을 드러낸 기도

신앙이 없는 왕의 면전에서, 우상숭배에 빠진 제사장들에게 놀아나는 영적 침체에 빠진 백성들이 지켜보는 가운데 엘리야는 시험 무대에 올랐다. 그리고 이 무대에서 그는 장엄한 신앙과 기도의 힘을 보여주었다. 바알 선지자들은 싸움에서 패했다. 그들은 광적으로 부르짖었지만, 하늘로부터 불이 떨어지지 않았다.

평안과 확신에 찬 엘리야는 이스라엘 사람들을 자기에게로 불렀다. 그는 무너진 하나님의 제단, 즉 희생과 기도를 드리곤 했던 제단을 수축했고, 송아지의 각을 떠서 나무 위에 놓았다. 그런 다음 나중에 누군가로부터 속임수를 썼다는 비방이 나올 것을 원천적으로 봉쇄하기 위해 조치를 취했다. 제단에 물을 흠뻑 붓도록 한 것이다. 그런 다음 그는 기도했다. 그의 기도는 아주 모범적인 기도로서, 명료하고 소박하고 솔직했다. 또한 그의 기도는 간략하지만, 믿음으로 드린 기도였다.

다음 성경말씀을 보자.

> 저녁 소제 드릴 때에 이르러 선지자 엘리야가 나아가서 말하되 아브라함과 이삭과 이스라엘의 하나님 여호와여 주께서 이스라엘 중에서 하나님이 되심과 내가 주의 종이 됨과 내가 주의 말씀대로 이 모든 일을 행하는 것을 오늘날 알게 하옵소서 여호와여 내게 응답하옵소서 내게 응답하옵소서 이 백성으로 주 여호와는 하나님이신 것과 주는 저희의 마음으로 돌이키게 하시는 것을 알게 하옵소서 하매 이에 여호와의 불이 내려서 번제물과 나무와 돌과 흙을 태우고 또 도랑의 물을 핥은지라 모든 백성이 보고 엎드려 말하되 여호와 그는 하나님이시로다 여호와 그는 하나님이시로다 하니 왕상 18:36-39

엘리야는 평소와 마찬가지로 하나님을 직접 만났다. 참된 기도는 언제나 하나님께 직접 나아가는 것이다. 엘리야의 기도는 하나님이 살아 계시다는 것을 분명히 드러냈다. 그분으로부터 온 직접적인 기도응답은 하나님에 관한 논란에 종지부를 찍었다. 이 기도응답은 엘리야가 하나님으로부터 사명을 받았다는 것과 하나님께서 사람들을 상대로 일하신다는 것을 보여주는 증거가 되었다.

만일 우리가 엘리야의 기도를 본받아 더욱 뜨겁게 기도한다면 현재 경이로운 일이라고 불리는 것보다 더욱 경이로운 일들이 일어날 것이고, 하나님께서 우리에게 더욱 친근하고 가깝고 강한 분으로 느껴질 것이다. 우리가 만사에 생기가 없고 무기력한 것은 우리의 기도가 생기가 없고 무기력하기 때문이다.

불같이 뜨거운 기도는 비가 오게 한다

하나님께서는 엘리야에게 "너는 가서 아합에게 보이라 내가 비를 지면에 내리리라"(왕상 18:1)라고 말씀하셨다. 엘리야는 하나님의 명령에 따라 즉시 행동하여 아합을 찾아갔다. 엘리야는 그 일을 아합과 이스라엘 민족과 바알에게 공포했다. 온 백성의 마음이 하나님께로 돌아왔다. 어느새 저녁 어스름이 짙게 깔려 왔지만, 비는 오지 않았다. 그러나 엘리야는 팔짱을 끼고 "약속이 이루어지지 않았다"라고 말하지 않았다. 그는 약속을 강조했고, 하나님께서 그것을 이루실 것을 알았다.

이런 모든 일이 결국 어떻게 귀결되었는지에 대해 성경은 이렇게 말하고 있다.

> 엘리야가 아합에게 이르되 올라가서 먹고 마시소서 큰 비의 소리가 있나이다 아합이 먹고 마시러 올라가니라 엘리야가 갈멜산 꼭대기로 올라가서 땅에 꿇어 엎드려 그 얼굴을 무릎 사이에 넣고 그 사환에게 이르되 올라가 바다 편을 바라보라 저가 올라가 바라보고 고하되 아무것도 없나이다 가로되 일곱 번까지 다시 가라 일곱 번째 이르러서는 저가 고하되 바다에서 사람의 손만 한 작은 구름이 일어나나이다 가로되 올라가 아합에게 고하기를 비에 막히지 아니하도록 마차를 갖추고 내려가소서 하라 하니라 조금 후에 구름과 바람이 일어나서 하늘이 캄캄하여지며

> 큰 비가 내리는지라 아합이 마차를 타고 이스르엘로 가니
> 여호와의 능력이 엘리야에게 임하매 저가 허리를 동이고
> 이스르엘로 들어가는 곳까지 아합 앞에서 달려갔더라
>
> 왕상 18:41-46

이 놀라운 사건에 대해 야고보는 "[엘리야가] 다시 기도한즉 하늘이 비를 주고 땅이 열매를 내었느니라"(약 5:18)라고 말했다.

엘리야가 불같이 뜨거운 기도를 끈질기게 드렸을 때, 하나님께서 약속을 이루어 비가 오게 하셨다. 약속이 성취되도록 하는 것이 바로 기도이다. 약속이 가장 크고 은혜로운 열매를 맺게 하려면 포기하지 말고 끝까지 기도해야 한다. 엘리야의 기도는 결과를 주시하고 응답을 기다리는 기대에 찬 기도였다.

처음에 기도응답은 "사람의 손만 한 작은 구름"(왕상 18:44)의 형태로 찾아왔다. 그러나 비가 내리기 전부터 그는 속으로 기도응답을 확신하고 있었다.

연약한 기도를 드리는 우리는 엘리야의 기도를 보면서 마땅히 부끄러움을 느껴야 한다. 그의 기도는 변화를 일으켰다. 그

의 기도는 하나님이 살아 계시다는 것을 확실히 보여주었고, 무딘 양심들로 하여금 부끄러움을 느끼게 했으며, 하나님께서 여전히 이스라엘의 주인이심을 증명했다. 그의 기도는 온 나라가 하나님께 돌아오도록 만들었고, 구름에게 움직이도록 명령했으며, 비가 내리도록 지시했다. 그 기도는 하늘로부터 불이 내려오게 함으로써 하나님의 살아 계심을 증명했고, 하나님의 원수들을 멸하였다.

뜨겁고 강력한 기도

이스라엘 선지자들의 대선배라고 할 수 있는 엘리야의 기도는 불의 두루마기를 입었다고 할 수 있다. 그는 금 면류관을 썼고, 그의 향로에는 향기롭게 불타오르는 기도가 가득했다. 하나님의 불 같은 선지자 엘리야가 승천하기 위해 불수레를 타는 것을 본 엘리사가 "내 아버지여 내 아버지여 이스라엘의 병거와 그 마병이여"(왕하 2:12)라고 소리쳤던 것은 당연한 일이다. 엘리야의 기도는 이스라엘 민족을 위해 수레들과 군대보다 더 많은 과업을 이루었다.

엘리야는 기도를 통하지 않고는 어떤 일에도 손을 대지 않왔다. 그가 기도에 능한 사람이었기 때문에 하나님은 그를 위해 많은 능력을 베풀어주셨다.

오늘날 우리는 엘리야처럼 불같이 뜨겁고 강력한 기도를 드리는 성도를 필요로 한다.

엘리야와 바알 선지자들 사이의 대결에서 관심의 초점은 '누구의 하나님이 참 하나님이시냐?' 하는 문제였다. 하나님은 살아 계시는가? 성경은 하나님의 계시인가? 이런 질문들이 얼마나 자주 나오는가? 이런 질문들에 대답해야 할 경우가 얼마나 자주 생기는가? 이런 질문들에 올바로 대답할 수 있는 유일한 방법은 오직 기도뿐이다.

문제는 하나님께 있는 것이 아니라 우리의 연약한 기도에 있다. 하나님의 기도응답은 그분이 살아 계시다는 것을 보여주는 증거이다.

오늘날 교회 안에 엘리야와 같은 기도의 용사들이 있는가? 엘리야처럼 뜨거운 열정으로 기도하는 사람들이 어디에 있는가? 우리 주변에 감정적으로 흥분하는 사람은 많지만, 엘리야처럼 기도할 수 있는 사람은 별로 없다. 누가 참 하나님이신지를 가리자는 분명한 문제를 내걸고 제단을 수축할 때, 엘리야는 지극히 차분했고 확신으로 가득했다. 갈멜산에서 그의 기도는 얼마나 침착하고 분명한가!

기도의 핵심

엘리야의 기도는 신약이 가르치는 기도의 원리를 철저히 따른 기도로서, 기도의 본질이 무엇인지 보여준다. 또한 그의 기도는 확신으로 가득한 신앙의 기도를 드리는 사람에게 기도가 무슨 유익을 주는지를 잘 보여준다. 오늘날도 엘리야처럼 기도하는 사람들이 많아진다면 엘리야의 경우처럼 크고 놀라운 일이 이루어질 것이다.

엘리야가 응답을 받을 수 있었던 것은 진심으로 뜨겁게 기도했기 때문이다. 오늘날 우리가 드리는 기도는 기도가 아니라 입에서 흘러나오는 얄팍한 말에 불과하다. 이런 것은 기도라고 할 수 없다. 이런 것은 아무 결과도, 아무 성과도 이룰 수 없다. 심지어 기도하는 사람 자체도 응답을 기대하지 않고 기도하는 경우가 있다.

성경에 근거한 살아 있는 개인 경건에서 나오는 기도가 응답 받는 기도이다. 이 땅에서 신앙인으로서 남을 섬기는 삶을 살려면 이런 경건과 기도로 무장해야 한다. 무엇보다 중요한 것이 섬김인데, 기도를 통해 하나님과 대화를 나누는 사람이 섬김의 삶을 제대로 살 수 있다.

진리와 진심이 기도의 핵심이요, 본질이요, 대의요, 정수精髓이다. 기도가 없는 기도! 그런 것이 얼마나 만연해 있는가! 기도가 없는 기도를 드리는 것은 착각이요, 시간 낭비이다.

Secrets of Prayer Answered 04

1 나약한 기도는 아무 열매도 맺지 못한다.

엘리야는 온 힘을 모아 기도했다. 그의 전인(全人)은 열정과 간절함과 절실함을 불어넣어 끊임없이 기도했다. 만일 우리가 엘리야의 기도를 본받아 더욱 뜨겁게 기도한다면 현재 경이로운 일이라고 불리는 것보다 더욱 경이로운 일들이 일어날 것이다. 우리가 만사에 생기가 없고 무기력한 것은 우리의 기도가 생기가 없고 무기력하기 때문이다.

2 기도응답은 살아 계신 하나님을 보여주는 증거이다.

사르밧 과부의 아들이 다시 살아났을 때, 갈멜산에서 대승(大勝)을 거두었을 때, 엘리야는 기도를 통해 하나님의 살아 계심을 증명하였다. 하나님으로부터 온 직접적인 기도응답이 그분에 관한 논란에 종지부를 찍었던 것이다. 참된 기도는 언제나 하나님의 살아 계심과 하나님 말씀의 진실성을 증거한다.

3 기도가 하나님의 약속을 성취시킨다.

엘리야가 기도할 때 처음에는 "사람의 손만 한 작은 구름"(왕상 18:44)의 형태로 기도응답이 찾아왔다. 그러나 비가 내리기 전부터 그는 속으로 기도응답을 확신하고 있었다. 약속이 가장 크고 은혜로운 열매를 맺게 하려면 포기하지 말고 끝까지 기도해야 한다. 약속이 성취되도록 하는 것이 바로 기도이다.

> 엘리야는 우리와 성정이 같은 사람이로되 저가 비 오지 않기를 간절히 기도한즉 삼 년 육 개월 동안에 땅에 비가 아니 오고 다시 기도한즉 하늘이 비를 주고 땅이 열매를 내었느니라
> 야고보서 5장 17,18절

호머 핫지
Homer W. Hodge

공부가 습관화된 사람은 의지력을 발휘하지 않고도 공부를 할 수 있다. 다시 말해서 의지가 뒷짐 지고 편히 쉬는 상태에서 오직 머리만으로 공부를 할 수 있다. 그러나 기도에서는 이런 것이 통하지 않는다. 만일 감정이 식어 무관심으로 변하고 지성知性이 간구의 제목을 분명히 주지 않는다면, 우리의 기도는 가치 있는 결과를 전혀 달성하지 못할 것이다.

상한 심령으로 주님을 바라보라

chapter 05

기도를 통한 종교개혁

히스기야 왕과 이사야 선지자의 주도로 일어난 위대한 종교개혁은 그것의 매 단계마다 드려진 수많은 기도의 힘으로 이루어졌다. 흰 왕복을 입고 금관을 쓴 히스기야는 이스라엘의 기도 용사로서 큰 본을 보였다. 그는 지혜롭고 강하고 총명하고 경건한 사람이었다. 그는 정치가, 장군, 시인 그리고 종교개혁가였다. 그의 강하고 총명함에 놀라움을 금치 못하는 것은 사실이지만(왕으로서 이것은 당연히 요구되는 자질이었다), 우리를 더욱 놀라게 하는 것은 여러 상황에서 드러나는 그의 경건이다.

히스기야의 선왕先王들과 그의 상황이 어떠했는지를 생각할 때, 우리는 "히스기야가 … 여호와 보시기에 정직히 행하여"(대하 29:2)라는 귀한 기록에 더욱 놀라고 가슴이 뛸 수밖에 없다. 그의 출생이 어떠했는가? 그의 성장 환경이 어떠했는가? 그의 부모가 어떤 사람들이었고, 그들의 종교적 특징이 어떠했는가?

그의 아버지와 할아버지 그리고 증조부가 통치하던 시대에는 세속성과 냉담함과 불신앙이 만연했다. 히스기야가 자라난 왕가의 환경은 하나님을 향한 신앙과 경건이 자랄 수 있는 토양이 전혀 아니었다. 그런데 단 한 가지가 달랐다. 그것은 그가 이사야 선지자를 만난 것이었다. 감사하게도, 그가 유다의 왕위에 오를 때 그에게는 이사야라는 친구요, 조언자가 생겼다. 통치자가 하나님을 두려워하는 사람을 조언자와 조력자로 둔다는 것은 지극히 복된 일이다.

율법보다 앞서는 기도

히스기야는 유월절 행사에 참여할 수 없는 입장에 있던 사람들을 위해 중보기도를 드렸다. 이 사람들은 의식적儀式的 정결을 갖추지 못한 채 예루살렘에 올라왔다. 그러나 그들은 다른 사람들과 함께 유월절 음식을 나누어 먹도록 허용되었다. 이 사건에 대한 간단한 기록이 다음과 같이 성경에 나오는데, 여기서 우리가 주목해야 할 점은 히스기야의 기도와 하나님의 응답이다.

> 회중에 많은 사람이 성결케 하지 못한 고로 레위 사람들이 모든 부정한 사람을 위하여 유월절 양을 잡아 저희로 여호와 앞에서 성결케 하였으나 에브라임과 므낫세와 잇사갈과 스불론의 많은 무리는 자기를 깨끗케 하지 아니하고 유월절 양을 먹어 기록한 규례에 어긴지라 히스기야가 위하여 기도하여 가로되 선하신 여호와여 사하옵소서 결심하고 하나님 곧 그 열조의 하나님 여호와를 구하는 아무 사람이든지 비록 성소의 결례대로 스스로 깨끗케 못하였을지라도 사하옵소서 하였더니 여호와께서 히스기야의 기도를 들으시고 백성을 고치셨더라 대하 30:17-20

하나님께서는 히스기야의 기도를 들으셨다. 그분은 하나님을 두려워하고 기도에 힘쓰는 이 왕의 중보기도에 응답하여 지극히 거룩한 유월절 법도를 어긴 사람들까지도 용서하셨다. 율법도 기도를 향하여 홀(笏)을 내밀었던 것이다.

히스기야의 신앙과 기도의 힘과 솔직함과 기초는 그가 자기 군사들에게 한 말에서 잘 드러난다. 그는 산헤립의 군대보다 더 강력하고 능력 있는, 역사에 길이 남을 만한 말을 했다.

> 너희는 마음을 강하게 하며 담대히 하고 앗수르 왕과 그 좇는 온 무리로 인하여 두려워 말며 놀라지 말라 우리와 함께하는 자가 저와 함께하는 자보다 크니 저와 함께하는 자는 육신의 팔이요 우리와 함께하는 자는 우리의 하나님 여호와시라 반드시 우리를 도우시고 우리를 대신하여 싸우시리라 하매 백성이 유다 왕 히스기야의 말로 인하여 안심하니라 대하 32:7,8

먼저 하나님을 찾으라

히스기야가 강력한 하나님의 원수에게 맞설 수 있는 방법은 기도였다. 히스기야의 군대의 힘은 보잘것없었지만 하나님께서 그의 기도에 응답하셨기 때문에 그의 원수는 두려워했고 결국 패하였다. 하나님의 백성을 다스리는 자가 기도하는 왕이라면 그들은 언제나 안전했다.

히스기야의 신앙을 시험하는 매우 중대한 사건이 발생했는데, 이것은 기도를 통해 하나님의 구원을 맛볼 수 있는 기회가 되었다. 앗수르의 침략 앞에서 유다는 풍전등화風前燈火 같았다. 인간적으로 말하면, 패망하여 포로로 잡히는 것은 시간문제였다. 앗수르 왕은 자신의 부하들을 보내어 하나님의 이름을 모독하고 그분께 도전하고 공개적으로 히스기야를 모욕했다. 이런 상황에서 히스기야가 어떻게 했는지 보자.

> 히스기야 왕이 듣고 그 옷을 찢고 굵은 베를 입고 여호와의 전殿으로 갔고 사37:1

그가 보인 첫 반응은 하나님의 전으로 들어감으로써 하나님을 의지한 것이었다! 그의 생각 속에는 하나님이 계셨고, 그의 첫 행동은 기도였다. 그는 이사야 선지자에게 기별하여 기도에 동참할 것을 요청했다. 이사야와 히스기야는 하나님을 모독하는 원수에게서 구해달라고 그분께 간청했다.

바로 그때, 히스기야를 포위하고 있던 앗수르 왕의 군대는 예루살렘을 공격하지 않았다. 이것은 하나님의 응답이었다. 하지만 얼마 후 앗수르 왕은 하나님을 모독하는 편지를 히스기야에게 보내왔다.

다시 앗수르의 군대에게 포위된 히스기야는 하나님의 전殿, 즉 기도의 집으로 들어갔다. 그는 고난의 때에 어디로 가야 할지, 누구를 의지해야 할지를 정확히 알았다!

> 히스기야가 사자使者의 손에서 글을 받아 보고 여호와의 전에 올라가서 그 글을 여호와 앞에 펴놓고 여호와께 기도하여 가로되 그룹 사이에 계신 이스라엘 하나님 만군의 여호와여 주는 천하만국의 유일하신 하나님이시라 주께서 천지를 조성하셨나이다 … 우리 하나님 여호와여 이제 우리를 그의 손에서 구원하사 천하만국으로 주만 여호와이신 줄을 알게 하옵소서 사 37:14-16,20

가장 큰 무기

하나님의 응답이 신속히 임한 것에 주목하라. 하나님을 두려워하는 이 왕의 기도가 얼마나 놀라운 결과를 낳았는지를 보라.

우선, 이사야는 왕에게 아무것도 두려워할 필요가 없다고 안심시켰다. 왜냐하면 하나님께서 히스기야의 기도를 듣고 큰 구원을 베푸실 것이기 때문이었다.

그런 다음, 하나님의 사자가 신속히 내려와 185,000명의 앗수르 군사를 쳐서 죽였다. 히스기야 왕의 명예가 회복되었고, 하나님의 영광이 드러났고, 백성들이 구원받았다.

기도하는 왕과 기도하는 선지자가 합심하여 기도했을 때 하나님의 구원이 나타났고, 하나님의 원수가 멸망했다. 기도는 군대를 움직였다. 전능하신 하나님의 능력과 응징의 힘으로 무장하고 신속히 역사하는 천사들이 기도하는 사람들의 편이 되어주었다.

히스기야는 기도의 힘으로 우상을 타파하고 나라를 개혁함으로써 백성을 섬겼다. 그의 가장 큰 무기는 기도였다.

후에 전능하신 하나님이 그에 대하여 뜻을 정하시고 그 뜻을 분명히 가르쳐주셨을 때, 그는 자신의 기도의 능력을 시험하기에 이르렀다. 그가 중병에 걸렸을 때 하나님은 그의 절친한 친구요, 지혜로운 조언자요, 선지자인 이사야를 그에게 보내어 그가 곧 죽을 것이라고 알려주셨다.

이사야는 또한 그에게 그의 마지막 여행에 대비하여 이런저런 일들을 정리하라고 말해주었다. 이 일에 대해 성경은 이렇게 말한다.

> 그때에 히스기야가 병들어 죽게 되매 아모스의 아들 선지자 이사야가 저에게 나아와서 이르되 여호와의 말씀이 너는 집을 처치하라 네가 죽고 살지 못하리라 하셨나이다
> 왕하 20:1

이 말씀은 하나님으로부터 직접 왔다. 아마도 히스기야는 '어떻게 해야 하나님의 뜻을 바꿀 수 있을까?' 하고 생각했을 것이다. 그때까지 살면서 그는 그와 같은 난관에 부딪힌 적이 없었다. 하나님께로부터 직접 온 그분의 뜻을 그 무엇으로 바꿀 수 있겠는가! 기도가?

죽기로 예정된 사람을 기도가 죽음의 절벽에서 끄집어 올릴 수 있을까? 불치병에 걸린 사람을 기도가 살려낼 수 있을까? 히스기야는 이런 문제와 맞서야 했다.

그의 신앙은 한순간도 흔들리지 않았다. 하나님의 선지자가 그토록 분명한 메시지를 갑자기 전했을 때, 그는 조금도 비틀거리지 않았다.

오늘날의 성도들과는 달리 그는 불신앙적인 생각이 자신의 마음속으로 들어오는 것을 한순간도 용납하지 않았다. 히스기야는 즉시 기도를 시작했다. 조금도 지체하지 않고 그는 그의 죽음을 정하신 하나님께 간구하기 시작했다. 그는 다른 사람에게 가지 않았다. 그는 하나님이 원하시면 스스로 그분의 뜻을 돌이킬 수도 있다고 믿었다.

면벽기도

절대적인 위기 상황에서 히스기야가 어떻게 했는지 그리고 어떤 결과가 찾아왔는지 성경은 이렇게 말한다.

> 히스기야가 낯을 벽으로 향하고 여호와께 기도하여 가로

되 여호와여 구하오니 내가 진실과 전심으로 주 앞에 행하며 주의 보시기에 선하게 행한 것을 기억하옵소서 하고 심히 통곡하더라 왕하 20:2,3

히스기야는 병 고침을 얻기 위해 하나님께 자기의自己義를 내세우지 않았다. 다만 그는 하나님이 자신의 성실함, 충성심 그리고 봉사를 기억해주시기를 원했다(이렇게 원하는 것은 잘못된 일이 아니다). 그의 기도는 "내가 나의 완전함에 행하였사오며 … 여호와여 나를 판단하소서"(시 26:1)라는 다윗의 기도와 맥을 같이한다.

히스기야의 경우는 그의 기도를 시험한 것도 아니요, 신앙에 의한 치료를 시도한 것도 아니다. 그것은 하나님을 시험한 것이었다. 하나님께서 고쳐주시지 않는다면 히스기야의 병은 치료되기가 불가능했다.

눈물의 기도는 응답을 받는다

히스기야가 기도를 끝내자마자, 이사야가 집으로 돌아가기도 전에, 하나님은 히스기야를 위한 다른 메시지를 이사야에게 주셨다. 이 메시지는 이전 것보다 즐겁고 용기를 주는 것이었다. 히스기야의 강렬한 기도를 듣고 하나님께서는 그를 향한 뜻을 돌이키셨다! 기도는 무엇이든 이룰 수 있다! 기도하는 사람은 기도를 통해 무엇이든 이룰 수 있다!

성경을 읽어보자.

> 이사야가 성읍 가운데까지도 이르기 전에 여호와의 말씀이 저에게 임하여 가라사대 너는 돌아가서 내 백성의 주권자 히스기야에게 이르기를 왕의 조상 다윗의 하나님 여호와의 말씀이 내가 네 기도를 들었고 네 눈물을 보았노라 내가 너를 낫게 하리니 네가 삼 일만에 여호와의 전殿에 올라가겠고 내가 네 날을 십오 년을 더할 것이며 내가 너와 이 성을 앗수르 왕의 손에서 구원하고 내가 나를 위하고 또 내 종 다윗을 위하므로 이 성을 보호하리라 하셨다 하라 하셨더라 왕하 20:4-6

히스기야의 기도는 하나님께 드려졌다. 그의 기도는 하나님으로 하여금 그분의 뜻을 바꾸시도록 간청한 기도였다. 이사야는 그에게 두 번째 메시지를 전한 후에 한결 가벼운 마음으로 집으로 돌아갔을 것이다. 이 병든 왕은 하나님께 그분의 뜻을 돌이키시도록 간구했고, 하나님께서는 큰 은혜를 베풀어 그의 소원을 들어주셨다.

때때로 하나님은 기도를 듣고 자신의 뜻을 바꾸신다. 하나님께서는 그렇게 하실 권리가 있다. 자신의 뜻을 바꾸기 위한 하나님의 이유들은 강력한 이유들이다. 하나님의 종 히스기야는 하나님의 뜻이 바뀌기를 원했다.

히스기야는 하나님을 위해 성실하게 일하는 삶을 살았던 종이다. 진실, 온전함 그리고 선함은 그의 통치와 봉사의 특징이었다. 하나님은 종의 생명을 취하려는 자신의 뜻을 실행에 옮기려고 하셨지만, 그의 눈물과 기도를 보고 뜻을 돌이키셨다.

기도와 눈물은 하나님께서 귀하게 보시는 강력한 방법이다. 하나님은 자신의 뜻이나 일관성보다 기도와 눈물을 더 중요하게 여기신다. 하나님은 "내가 네 기도를 들었고 네 눈물을 보았노라 내가 너를 낫게 하리니"(왕하 20:5)라고 말씀하셨다.

기도응답의 증거

히스기야는 기도응답의 결과로 건강을 얻었다. 하지만 하나님께서는 그가 구한 것보다 더 많은 것을 그에게 주셨다. 그는 오직 자기 생명을 위해 기도했지만, 하나님께서는 그에게 생명을 주셨을 뿐만 아니라 그의 원수들에게서 안전하게 지켜주겠다고 약속하셨다.

이사야도 이 기도하는 왕의 병이 치료되는 과정에 일익을 담당했다. 이사야의 기도는 변화되어 의사의 기술이 되었다.

> 이사야가 가로되 무화과 반죽을 가져오라 하매 무리가 가져다가 그 종처에 놓으니 나으니라 왕하 20:7

이사야와 히스기야는 하나님의 치료에 대한 구체적 증거를 얻기 위해 더 기도했다.

> 히스기야가 이사야에게 이르되 여호와께서 나를 낫게 하시고 삼 일만에 여호와의 전에 올라가게 하실 무슨 징조가 있나이까 이사야가 가로되 여호와의 하신 말씀을 응하

> 게 하실 일에 대하여 여호와께로서 왕에게 한 징조가 임하리이다 해 그림자가 십도를 나아갈 것이니이까 혹 십도를 물러갈 것이니이까 히스기야가 대답하되 그림자가 십도를 나아가기는 쉬우니 그리할 것이 아니라 십 도가 물러갈 것이니이다 선지자 이사야가 여호와께 간구하매 아하스의 일영표 위에 나아갔던 해 그림자로 십 도를 물러가게 하셨더라 왕하 20:8-11

히스기야에게 삶은 즐거운 것이었다. 그러기에 그는 더 살기를 소원했다. 하나님께서 그토록 강력하게 개입하신 것은 오직 기도 때문이었다.

히스기야의 마음은 죽음에 대한 압박으로 깨어졌으며, 그 깨어진 곳으로부터 기도의 물결이 흘러 나왔고, 그 물결은 그의 기도에 힘과 규모를 더해 주었다. 그의 기도는 너무나 간절했고, 그의 주장은 분명했다. 하나님께서는 그의 기도를 듣고 그의 눈물을 보고 뜻을 돌이키셨다.

히스기야는 살아서 하나님을 찬양했고, 간절한 기도를 통해 하나님의 응답을 받은 자로서의 모범을 보였다. 그의 기도는 불같이 뜨거운 목표 의식 가운데 탄생하여 깊은 고뇌와 갈등의 골짜기를 헤쳐 나가 결국 하나님께 상달되었다.

기도 명심보감

우리의 영적 갈망은 불같이 타올라야 한다. 왜냐하면 그래야 우리가 기도의 싸움에 주저 없이 적극적으로 뛰어들 것이기 때문이다. 우리는 사업을 뒤로 미루고 세상적인 즐거움을 포기하고 해 뜨기 전에 일어나 은밀한 곳에서 하나님을 만날 정도로 영적 갈망에 불타야 한다. 이렇게 물불을 가리지 않고 뛰어들 때, 기도는 모든 반대 세력을 제압하고 입 벌린 지옥의 세력에게서 승리를 쟁취할 수 있다.

지금 우리에게는 능력과 확신 가운데 기도하면서 하나님을 찾고, 그분을 붙들고, 그분의 창고에서 보물을 꺼내 영적인 일에 사용하는 사람이 필요하다. 힘없는 기도로는 응답을 받거나 역경을 극복하거나 온전하고 놀라운 승리를 얻을 수 없다.

기도할 때 다음 네 가지 사실을 명심하자.

첫째, 하나님께서는 우리의 기도를 들으시고,

둘째, 그것에 대해 깊이 생각하시며,

셋째, 그것에 응답하실 뿐만 아니라,

넷째, 그것을 통해 우리를 구원하신다!

이 네 가지 사실은 아무리 강조해도 지나치지 않다. 기도는 하나님의 성도들을 괴롭히는 모든 장애물을 깨버리고, 모든 사슬을 끊으며, 모든 속박의 문을 열고, 모든 역경을 타파한다.

> 구하라 그러면 너희에게 주실 것이요 찾으라 그러면 찾을 것이요 문을 두드리라 그러면 너희에게 열릴 것이니 구하는 이마다 얻을 것이요 찾는 이가 찾을 것이요 두드리는 이에게 열릴 것이니라 마 7:7,8

Secrets of Prayer Answered 05

1 간절한 기도는 문제의 장벽을 돌파한다.

"히스기야가 낯을 벽으로 향하고 여호와께 기도하여 가로되"(왕하 20:2). 히스기야는 절대적인 위기 상황에서 즉시 기도를 시작했다. 그는 불신앙적인 생각이 자신의 마음속으로 들어오는 것을 한순간도 용납하지 않았다. 또한 그는 하나님이 원하시면 스스로 그분의 뜻을 돌이킬 수도 있다고 믿었다.

2 눈물의 기도는 반드시 응답된다.

히스기야의 마음은 죽음에 대한 압박으로 깨어졌으며, 그 깨어진 곳으로부터 기도의 물결이 흘러 나왔고, 그 물결은 그의 기도에 힘과 규모를 더해 주었다. 기도와 눈물은 하나님께서 귀하게 보시는 강력한 방법이다. 하나님께서는 히스기야의 눈물의 기도를 보시고 죽을병에서 건져 그의 생명을 연장시켜주셨다. 하나님은 자신의 뜻이나 일관성보다 기도와 눈물을 더 중요하게 여기신다.

3 강한 영적 갈망만이 승리를 쟁취한다.

우리의 영적 갈망은 불같이 타올라야 한다. 우리는 사업을 뒤로 미루고 세상적인 즐거움을 포기하고 해 뜨기 전에 일어나 은밀한 곳에서 하나님을 만날 정도로 영적 갈망에 불타야 한다. 이렇게 물불을 가리지 않고 뛰어들 때, 기도는 모든 반대 세력을 제압하고 입 벌린 지옥의 세력에게서 승리를 쟁취할 수 있다.

너는 내게 부르짖으라 내가 네게 응답하겠고
네가 알지 못하는 크고 비밀한 일을 네게 보이리라

예레미야서 33장 3절

호머 핫지
Homer W. Hodge

우리는 당신이 목회자로서 아무리 탁월한 능력을 가지고 있다 해도 관심이 없다. 우리는 당신이 설교자로서 아무리 선천적 자질을 타고났다 해도 관심이 없다. 우리는 혼신의 힘을 다 쏟아 붓지 않으면 누구도 기도에 성공할 수 없다는 진리만을 확신한다. 웨슬리, 매들리의 플레처(John William Fletcher, 1729~1785. 영국 매들리의 교구 목사로서 깊은 경건의 모범을 남겼다), 에드워즈, 데이빗 브레이너드(David Brainerd, 1718~1747. 북아메리카에서 인디언들에게 선구적 선교활동을 펼친 선교사) 및 브램웰 같은 성도들과 우리 자신들 사이의 차이점은 무엇인가? 그것은 기도에 성공하면 살고 그렇지 않으면 죽는다는 각오로 끈질기게 온 힘을 쏟아 부어 기도하느냐 마느냐이다. 하나님이시여, 우리를 도우소서!

뜨거운 울부짖음이 있는 곳에 성령의 불이 임한다

chapter 06

기도하는 개혁자

하나님의 위대한 개혁가이자 제사장인 에스라는 구약에 나오는 기도의 사람이다. 그는 하나님께서 기도에 응답하실 때 역경이 물러가고 선한 일이 일어난다는 것을 잘 알았다. 바사 왕 고레스가 유다 백성에게 본국 귀환령歸還令을 내리자, 에스라는 그들을 인솔하여 바벨론에서 고국으로 돌아왔다. 바사 왕은 이상하게도 에스라에게 마음이 감동하여 여러 가지 면에서 에스라에게 호의를 베풀었다.

에스라가 예루살렘에 돌아온 지 얼마 안 되었을 때, 방백들이 그에게 와서 슬픈 소식을 전했다. 이스라엘 사람들이 바벨론 사람들에게서 분리되지 않고 그들 주변에 있는 이방 민족을 따라 가증한 일을 행한다는 소식이었다. 더욱 나쁜 소식은 이런 악한 일을 행함에 있어 이스라엘의 방백들과 두목들이 앞장선다는 것이었다.

이스라엘이 세상과 짝한다는 것을 알았을 때, 에스라가 직면한 상황은 매우 절망적이었다. 하나님께서는 시대를 막론하고 자신의 백성이 세상과 분리되기를 원하신다. 그들과 세상 사이의 분리는 서로 적대적 관계에 놓일 정도로 분명해야 한다. 이런 철저한 분리를 위하여 하나님은 이스라엘을 약속의 땅에 거하게 하셨다. 약속의 땅은 산과 사막과 바다로 둘러싸인 지역이기 때문에 그들을 주변 나라들로부터 분리시키기에 좋은 곳이었다. 하나님은 이방 나라들과 어떤 형태의 인연도 맺지 말라고 명령하셨다. 다시 말해서 이방 족속으로 더불어 혼인 관계나 사회적 관계 혹은 무역 관계를 맺어서는 안 된다고 경고하셨다.

바벨론에서 돌아온 에스라는 이스라엘 백성들이 이런 '분리의 원리'를 어겼기 때문에 영적으로 쇠약해지고 마비 상태에 빠져 있다는 것을 알게 되었다. 그들은 이방 민족들과 통혼했고, 가정적으로 사회적으로 경제적으로 매우 밀접하고도 끊을 수 없는 동맹을 맺었다. 제사장들, 레위인들, 방백들, 백성들 할 것 없이 모든 사람이 이런 죄에 빠졌다. 하나님의 백성들은 가정적, 경제적 및 종교적인 모든 삶에서 율법을 어겼다. 이런 상황에서 어떻게 해야 했는가? 무슨 일을 할 수 있었는가? 이스라엘의 지도자, 하나님의 사람 에스라는 이런 문제에 직면했다. 모든 것이 이스라엘의 회복을 가로막는 것처럼 보였다. 에스라는 이스라엘 사람들에게 말씀을 전할 수 없었다. 왜냐하면 그럴 경우, 그들이 분노하여 그를 쫓아낼 것이기 때문이었다. 그들이 이방 민족들과의 통상 관계를 끊고 배우자와 이혼하고 이방인 친구들과 절교함으로써 하나님께 돌아오도록 만들 수 있는 방법은 무엇이었는가?

에스라에게서 우선 주목할 것은 그가 상황을 정확히 파악하고 그 심각성을 깨달았다는 것이다. 그는 이스라엘에게서 아무 잘못도 보지 못하는 눈먼 낙관주의자가 아니었다. 하나님께서는 이사야 선지자의 입을 통하여 "소경이 누구냐 내 종이 아니냐"(사 42:19)라고 정곡을 찔러 말씀하셨다.

그런데 에스라는 눈먼 종이 아니었다. 그는 심각한 상황을 축소하지 않았고, 죄에 빠진 백성을 두둔하지 않았으며, 그들의 죄를 가볍게 보지 않았다. 그는 그들의 죄를 아주 심각하게 보았다. 시온의 지도자들에게는 당시 주변 나라들의 악행뿐만 아니라 이스라엘의 죄를 볼 수 있는 눈이 필요했다. 오늘날의 교회에 가장 필요한 것 중 하나는 에스라와 같은 통찰력을 지닌 지도자가 나타나서 현재의 교회 상태를 직시하는 것이다.

에스라는 이스라엘과 예루살렘의 끔찍한 죄악상을 보았을 때 기가 막혔다. 끔찍한 현실 때문에 슬픔을 이기지 못한 그는 "속옷과 겉옷을 찢고 머리털과 수염을 뜯으며 기가 막혀 앉았다"(스 9:3). 에스라의 이런 행동은 그가 절망적인 현실 앞에서 얼마나 괴로워했는지를 보여주는 증거이다. 그러나 그는 괴로워하고 끝낸 것이 아니었다. 고뇌하고 슬퍼하고 걱정하는 마음은 그로 하여금 기도에 몰두하며 백성의 죄를 자복하고 하나님의 긍휼과 용서를 구하게 했다. 이런 위기의 때에 그가 의지할 분은 기도를 듣고 기꺼이 용서하고 놀라운 일을 이루시는 하나님밖에 없었다. 에스라는 백성들의 사악한 행위에 대해 말로 표현할 수 없을 정도로 놀랐다. 깊은 슬픔과 충격 속에서 그는 금식과 기도를 시작했다. 금식기도는 큰 열매를 맺는다. 그는 깨어진 마음으로 기도했는데, 달리 어찌할 도리가 없었기 때문이다. 큰 부담감 속에서 그는 울면서 땅에 엎드려 하나님께 기도했으며, 온 성城이 그의 기도에 동참했다.

위대한 열매

하나님의 진노를 풀어드릴 수 있는 유일한 방법은 기도이다. 에스라는 하나님의 큰일을 이루기 위해 기도를 통해 사람들의 마음을 움직였고, 그것은 놀라운 결과를 낳았다. 그의 노력의 원리와 결과가 에스라서 10장 1절에 잘 요약되어 있다.

> 에스라가 하나님의 전殿 앞에 엎드려 울며 기도하여 죄를 자복할 때에 많은 백성이 심히 통곡하매 이스라엘 중에서 백성의 남녀와 어린아이의 큰 무리가 그 앞에 모인지라
> 스 10:1

에스라의 기도는 강력하고 단순하고 끈질겼다. 강력하고 효험 있는 기도가 그 목적을 이룬 것이었다. 그의 기도는 하나님을 위한 위대한 역사라는 열매를 맺었다. 그의 기도를 듣고 전

능하신 하나님께서 자신의 일을 이루셨다. 그것은 능력의 기도였다. 당시 그가 처한 절망적인 상황을 바꿀 수 있는 것은 오직 하나님께 기도하는 것뿐이었다. 하나님께는 불가능이란 없기 때문에 기도에도 불가능이란 없다. 기도는 오직 하나님께 드려져야 한다. 그럴 경우에만 열매를 맺을 수 있다. 에스라의 기도가 에스라 자신에게 어떤 영향을 끼쳤든 간에 그의 기도의 주요 목적은 이루어졌다(아마도 이 주요 목적이 그가 기도하는 유일한 목적은 아니었을 것이다). 왜냐하면 하나님께서 에스라의 기도를 듣고 자신의 일을 이루셨기 때문이다.

에스라의 기도가 있은 다음에 이스라엘에서는 대대적인 회개의 물결과 놀라운 개혁 운동이 일어났다. 이런 열매가 생기는 데 큰 요인으로 작용한 것은 에스라의 탄식과 기도였다.

당시의 개혁이 매우 철저했기 때문에 이스라엘의 지도자들이 에스라에게 찾아와 이렇게 말했다.

> 우리가 우리 하나님께 범죄하여 이 땅 이방 여자를 취하여 아내를 삼았으나 이스라엘에게 오히려 소망이 있나니 곧 내 주의 교훈을 좇으며 우리 하나님의 명령을 떨며 준

행하는 자의 의논을 좇아 이 모든 아내와 그 소생을 다 내어보내기로 우리 하나님과 언약을 세우고 율법대로 행할 것이라 이는 당신의 주장할 일이니 일어나소서 우리가 도우리니 힘써 행하소서 스10:2-4

기도의 응답을 받은 구약의 성도들에 대해 말할 때, 우리가 빼놓을 수 없는 사람은 바로 건축자 느헤미야이다. 이 사람은 우리가 이제까지 살펴본 기도의 용사들과 동일한 반열에 들어갈 수 있는 사람이다. 바벨론에서 돌아온 이스라엘 민족이 예루살렘 성벽을 재건할 때 주도적인 역할을 했던 사람이 바로 느헤미야이다. 그가 그토록 중요한 시기에 능히 그런 일을 감당할 수 있었던 것은 기도 때문이다.

그는 바벨론에서 포로 신분이었지만 왕의 궁전에서 중요한 직책을 맡았다. 느헤미야는 왕의 술 관원이었다. 왕이 히브리인으로서 포로가 된 사람을 그토록 중요한 직책에 임명한 것을 볼 때, 그에게 탁월한 재능이 있었음을 알 수 있다. 그는 왕이 마시는 술을 관리하는 사람으로서 왕의 생명과 관계된 일을 하는 요직에 있었다.

시온을 향하여 슬퍼하는 자

어느 날 느헤미야가 수산궁에 있을 때 형제 하나가 두어 사람과 함께 예루살렘으로부터 왔다. 당연히 느헤미야는 예루살렘 성城과 그곳 사람들의 사정에 대해 듣기를 원했다. 그러나 그가 들은 소식은 결코 희소식이 아니었다. 예루살렘 성벽은 무너졌고, 성문은 불에 탔으며, 히브리 민족이 포로로 잡혀가던 초기에 그곳에 남겨진 사람들은 불명예와 고통 속에서 살아가고 있었다.

성경의 한 구절만 읽어보아도 이런 슬픈 소식이 이 하나님의 사람에게 어떤 영향을 주었는지 알 수 있다.

> 내가 이 말을 듣고 앉아서 울고 수일 동안 슬퍼하며 하늘의 하나님 앞에 금식하며 기도하여 느 1:4

느헤미야는 고국으로부터 아주 멀리 떨어져 있었지만, 그의 마음은 늘 고국에 있었다. 그는 이스라엘을 사랑했고, 시온의 평안을 갈망했고, 하나님께 성실했다. 예루살렘에 남아 있는 동족의 슬픈 현실에 마음이 괴로웠던 그는 깊이 탄식하며 울었다. 현재 우리 시대의 악하고 가증한 것들을 보고 울 수 있는, 깊은 신앙의 소유자를 찾아보는 것이 너무 힘들다. 오늘날 너무나 한탄스러운 상태에 빠진 하나님의 백성을 보고 교회의 부흥을 갈망하면서 눈물을 흘리는 교인을 찾아보는 것이 너무 힘들다. 신앙심이 쇠퇴하고 부흥의 능력이 사라지고 세속성世俗性이 교회 안으로 침투한 것을 보고 깊이 탄식하며 우는 모습이 정말 보이지 않는다. 그토록 만연한 소위 낙관주의에 현혹된 교회 지도자들은 교회의 벽이 무너지고, 현대 그리스도인들의 영적 수준이 저하된 것을 보지 못한다. 이런 개탄스러운 상황을 보고 탄식하며 우는 사람이 별로 없다. 그러나 느헤미야는 시온을 향하여 슬퍼하는 자였다.

말로 표현할 수 없을 정도로 비통한 상태에서 그는 기도의 용사답게 행동했다. 즉, 그는 하나님께 나아가 그 문제를 기도 제목으로 삼고 기도했다. 우리는 느헤미야서 1장에 기록되어 있는 그의 기도를 통해서 기도의 모범을 볼 수 있다. 느헤미야는 우선 하나님을 향한 숭모崇慕의 감정을 표현하고, 그의 민족의 죄를 자복하고, 하나님의 약속에 호소하고, 하나님이 이미 베푸신 긍휼을 언급한 다음에 용서의 자비를 구했다.

그런 다음 그는 미래 지향적인 기도를 드렸다. 이것은 그가 그 다음에 왕의 앞에 나아가게 되었을 때 예루살렘의 처참한 상황을 해결하기 위해 그곳으로 갈 수 있도록 왕에게 허락을 구했다는 사실에서도 드러난다. 그는 기도를 통해 하나님께 매우 구체적으로 구했다. 그는 "주여 구하오니 … 오늘날 종으로 형통하여 이 사람 앞에서 은혜를 입게 하옵소서"라고 기도했으며, 당시 자신의 신분에 대해 "그때에 내가 왕의 술 관원이 되었느니라"(느 1:11)라고 밝혔다.

느헤미야가 그의 동족을 위하여 기도한 것은 충분히 이해할 수 있는 일이다. 하지만 이방인 왕은 그의 민족과 예루살렘 성의 슬픈 현실에 대해 동정해야 할 이유가 전혀 없었는데, 그런 그가 자기의 충성스러운 술 관원이 몇 달씩 자리를 비우도록 허락한다는 것은 거의 불가능한 일이었다. 그러나 느헤미야는 하나님께서 자신의 기도에 응답하실 것을 신뢰했다. 다시 말해서 느헤미야는 하나님께서 이방인 왕의 마음을 움직이셔서 기도하는 종에게 호의를 베푸실 것이라고 믿었다.

참된 기도는 불신자의 마음도 감동시킨다

느헤미야가 아닥사스다 왕의 앞으로 나아갔을 때, 하나님께서는 느헤미야의 안색을 이용하여 왕의 동의를 이끌어내셨다. 느헤미야의 얼굴에 수색愁色이 가득한 것을 알아챈 왕은 왜 그런지를 물었고, 이것이 발단이 되어 결국 왕은 그가 예루살렘으로 돌아갈 수 있도록 허락했다. 뿐만 아니라 아닥사스다 왕은 느헤미야의 여행과 계획의 완수를 위해 필요한 모든 물자를 공급해주겠다고 약속했다.

느헤미야는 그의 고민거리를 가지고 한 번 기도한 다음 잊어버린 것이 아니었다. 그는 자기가 왕의 면전에서 기도한 사실에 대해 "내가 곧 하늘의 하나님께 묵도하고"(느 2:4)라고 했다. 왕에게 질문을 받았을 때, 그는 즉시 그 자리에서 하나님께 기도하고 왕에게 대답했다. 그러자 왕은 그에게 예루살렘에 다녀오는 데 얼마의 시간이 소요될지 물었다.

느헤미야의 강력하고 끈질긴 기도는 응답을 받았다. 하나님께서는 이방 통치자의 마음도 감동시킬 수 있으시다. 그의 자유로운 선택을 뒤집어엎거나 하나님의 의지를 강요하지 않고 기도응답으로 그 일을 하실 수 있다.

이와 유사한 경우가 에스더서에도 기록되어 있다. 에스더는 왕의 허락 없이 왕의 존전으로 나아가려고 할 때, 자기 민족에게 자신을 위해 금식하며 기도해달라고 부탁했다. 그리고 왕의 면전으로 나아갔다. 이런 결정적인 순간에 하나님이 왕의 마음을 감동시키셔서 왕이 그녀에게 금홀金笏을 내밀었다.

끊임없는 기도

느헤미야는 일이 잘 풀린다고 해서 기도를 중단하지 않았다. 그는 예루살렘 성벽을 재건할 때 산발랏과 도비야의 강력한 저항에 부딪혔다. 그들은 이스라엘 민족의 성벽 재건 노력을 비웃었다. 그러나 느헤미야는 사악한 원수들의 조롱과 방해에도 불구하고 자신의 계획을 밀고 나갔다. 그는 최선의 노력을 다하면서 동시에 "우리 하나님이여 들으시옵소서 우리가 업신여김을 당하나이다 원컨대 저희의 욕하는 것으로 자기의 머리에 돌리사 노략거리가 되어 이방에 사로잡히게 하시고"(느 4:4)라고 기도했다. 당시의 일을 계속 기록하면서 그는 "우리가 우리 하나님께 기도하며"(느 4:9)라고 덧붙였다.

느헤미야가 행한 아름답고 고결한 일들 중에서 단연 돋보이는 것은 기도이다. 물론 그의 기도에 대한 하나님의 응답은 더욱 돋보였다. 그런데 심지어 성벽이 재건된 후에도 하나님의 백성의 원수들은 느헤미야를 대적했다. 그러나 느헤미야는 다시 기도했고, "[하나님!] 이제 내 손을 힘 있게 하옵소서"(느 6:9)라는 의미 깊은 기도를 기록했다.

또한 산발랏과 도비야가 사람을 매수하여 느헤미야에게 겁을 주고 그를 방해할 때, 그는 단호히 맞섰다. 그리고 하나님을 의지하여 "내 하나님이여 도비야와 산발랏과 여선지 노아댜와 그 남은 선지자들 무릇 나를 두렵게 하고자 한 자의 소위를 기억하옵소서"(느 6:14)라고 기도했다. 하나님은 충성스러운 일꾼의 기도에 응답하여 이스라엘의 사악한 원수들의 지혜와 계획을 무너뜨리셨다.

첫 번째 악, 십일조 문제

느헤미야는 레위인들이 그들의 몫(사례)을 받지 못했다는 사실을 알고 실망했다. 레위인들이 그들의 몫을 받지 못한 결과, 하나님의 전(殿)이 버려진 상태에 있었기 때문이다. 그리하여 느헤미야는 사람들이 합법적인 십일조를 내어 그곳이 하나님을 경배하는 장소로 사용되도록 조치를 취했다. 심지어 그는 이 일을 책임 맡을 창고 책임자들을 임명했다. 이런 일들을 처리하는 과정에서도 느헤미야는 기도를 빼놓지 않았는데, 그는 "내 하나님이여 이 일을 인하여 나를 기억하옵소서 내 하나님의 전과 그 모든 직무를 위하여 나의 행한 선한 일을 도말하지 마옵소서"(느 13:14)라고 기도했다.

느헤미야의 이 기도는, 주님이 이 땅에 계셨을 때 바리새인이 보여준 자기의自己義로 가득한 기도와는 완전히 다른 것이다. 바리새인은 기도하러 성전에 올라간다고 널리 알렸으며, 하나님 앞에서 자기의를 드러내기 위해 이런저런 주장을 늘어놓았다. 느헤미야의 기도는 히스기야의 기도와 비슷하다. 히스기야는 자기가 하나님께 충성했으며 자신의 마음이 하나님 앞에서 올바르다는 것을 그분께 말씀드렸을 뿐이다.

두 번째 악, 안식일 문제

느헤미야는 백성들이 악을 행하는 것을 또 발견했다. 즉, 하나님의 전殿을 소홀히 한 잘못을 바로잡자마자 그는 백성들이 안식일을 범한다는 사실을 알았다. 느헤미야는 이번에도 백성들을 훈계하고 온건한 조치를 취했을 뿐만 아니라, 안식일에 매매 행위가 계속될 경우에는 자신의 권세를 사용하여 제지할 것이라고 경고했다. 그는 이 일에 대한 기록을 다음과 같은 기도로 끝냈다(그가 기도한 것은 하나님께서 자기 기도를 들으실 것임을 알았기 때문이다).

> 나의 하나님이여 나를 위하여 이 일도 기억하옵시고 주의 큰 은혜대로 나를 아끼시옵소서 느 13:22

세 번째 악, 불신 결혼

마지막으로, 개혁가 느헤미야는 백성들의 또 다른 큰 악을 발견했다. 그것은 유다 남자들이 아스돗과 암몬과 모압의 여자들을 데려와서 아내로 삼은 일이었다. 그들과 다투면서 느헤미야는 그들을 상대로 개혁을 일으켰다. 이 일에 대한 기록은 다음과 같은 기도로 끝을 맺는다.

> 내 하나님이여 저희가 제사장의 직분을 더럽히고 제사장의 직분과 레위 사람에 대한 언약을 어기었사오니 저희를

기억하옵소서 느 13:29

느헤미야는 이방 사람을 떠나게 하여 혼합결혼에 물든 레위인들을 깨끗하게 하고 또 제사장과 레위 사람의 반열을 세워 제사장 직무를 감당하게 하였다(느 13:30). 느헤미야의 행한 일에 대한 기록은 "내 하나님이여 나를 기억하사 복을 주옵소서"(느 13:31)라는 짧은 기도로 끝을 맺는다.

기도하는 사람을 지도자로 둔 교회는 복되고 복되다. 교회 건축을 꿈꾸는 교회가 있는가? 기도 중에 건물의 기초를 놓고, 기도 중에 벽돌을 한 장 한 장 쌓아올리는 지도자를 세워 교회를 건축하는 교인들은 복되다. 하나님께서는 기도를 통하여 교회를 짓고, 경배하는 집의 벽을 세우신다. 그리고 기도를 통하여 하나님의 일을 이루는 자를 방해하는 원수들을 쫓아버리신다. 기도는 교회와 아무 관계없는 사람들의 마음까지 움직여서 그들이 교회의 일에 호의적으로 반응하도록 만든다. 기도는 하나님의 뜻을 이루는 모든 일이 성공하도록 돕는다. 이 세상에서 하나님의 뜻을 이루기 위해 수고하는 사람들을 돕고 격려하는 놀라운 힘이 기도에 있다.

Secrets of Prayer Answered 06

1 지도자는 공동체의 영적 상태를 직시하는 눈을 가져야 한다.

에스라는 이스라엘의 영적 상태를 정확히 간파했다. 그는 심각한 상황을 축소하지 않았고, 죄에 빠진 백성을 두둔하지 않았다. 시온의 지도자들에게는 당시 주변 나라들의 악행뿐만 아니라 이스라엘의 죄를 볼 수 있는 눈이 필요했다. 오늘날의 교회에 가장 필요한 것 중 하나는 에스라와 같은 통찰력을 지닌 지도자가 나타나서 현재의 교회 상태를 직시하는 것이다.

2 끊임없이 기도하라.

느헤미야는 그의 고민거리를 가지고 한 번 기도한 다음 잊어버린 것이 아니었다. 또한 일이 잘 풀린다고 해서 기도를 쉬지 않았다. 아닥사스다 왕이 질문할 때에도, 사악한 원수들이 조롱하고 방해할 때에도, 백성 가운데 악이 있음을 발견할 때에도 그는 기도했다. 느헤미야의 끈질기고 강한 기도는 응답을 받아내고야 말았다.

3 느헤미야가 뿌리 뽑은 백성들의 세 가지 악(惡)

1) 십일조를 내지 않음(느 12:44-13:14) - 백성들로 하여금 합법적인 십일조를 내게 하여, 하나님의 전(殿)이 하나님을 경배하는 장소로 사용되도록 조치를 취하였다.
2) 안식일을 범함(느 13:15-22) - 성전을 정화하고 안식일을 확립시켰다.
3) 불신 결혼(느 13:23-31) - 이방인과 통혼하지 않기로 하나님께 맹세하도록 하고, 모든 이방 사람을 떠나게 하여 깨끗하게 했다.

> 내가 고통 중에 여호와께 부르짖었더니
> 여호와께서 응답하시고 나를 광활한 곳에 세우셨도다
> 시편 118편 5절

찰스 스펄전
C. H. Spurgeon

로마 교부教父 중 한 사람인 제롬Jerome은 위대한 결단을 내렸다. 그는 하나님께서 그에게 주신 성경 번역의 사명을 완수하기 위해 다른 모든 급한 일들을 제쳐놓았다. 그의 설교를 들으러 오는 회중의 수는 매우 많았다(오늘날의 웬만한 교회의 회중보다 많았다). 그러나 제롬은 회중에게 "이제 성경이 반드시 번역되어야 합니다. 그러므로 여러분은 다른 목회자를 구하십시오. 나는 광야로 들어가서 내 사명을 완수한 후에 돌아올 것입니다"라고 말했다. 그리고 그는 그들을 떠나 기도하면서 성경 번역에 몰두했다. 이렇게 해서 탄생한 것이 이 **세상 끝 날까지 사라지지 않을 불가타 성경**(the Vulgate, 5세기에 제롬이 라틴어로 번역한 성경)이다. 제롬을 본받아 우리도 우리 친구들에게 "나는 어디론가 가서 시간을 내어 혼자 기도하겠네"라고 말해야 한다. 이렇게 해서 우리가 라틴어로 새 성경을 만들어낼 것은 아니지만, 우리가 기도로써 이루는 일은 불멸의 가치를 지니게 될 것이다. 하나님께 영광을 돌리세!

기도하는 가정에서 기도의 사람이 배출된다

chapter 07

기도의 환경 속에서 자녀를 키우라

사무엘은 기도응답으로 태어난 사람이다. 그의 기도하는 어머니는 아들을 얻겠다는 열망으로 가득했다. 그는 기도하는 환경 속에서 태어났고, 이 세상에서의 첫 한 달을 기도의 방법을 아는 여인의 품에서 보냈다. 기도 뒤에는 엄숙한 서원이 뒤따랐다. 이 서원은 아들을 주시면 그를 하나님께 드리겠다는 맹세였다.

> 그러므로 나도 그를 여호와께 드리되 그의 평생을 여호와께 드리나이다 하고 그 아이는 거기서 여호와께 경배하니라 삼상 1:28

이 기도하는 어머니는 자신의 서원을 지키기 위해 자기 아들이 성소의 제사장 아래 있으면서 기도하는 집에서 성장하도록 했다. 그러므로 사무엘이 기도의 사람으로 성장한 것은 당연한 일이었다. 인생의 출발부터 이런 기도의 환경에서 자라는 사람은 반드시 기도의 사람이 될 것이다. 기도하는 환경은 언제나 아이들에게 강한 인상을 심어주기 때문에 그들의 인격 형성에 영향을 주고 더 나아가 평생의 삶을 결정짓는다.

기도의 집을 늘 가까이하는 삶

사무엘은 그에게 말씀하시는 하나님의 음성을 듣기에 유리한 곳에 있었다. 그는 하나님의 부르심에 주의를 기울이도록 하는 분위기 속에서 살았다. 하늘로부터 세 번째 음성이 들렸을 때, 사무엘은 그것이 하나님의 음성임을 깨달았다. 어린아이로서 순진했던 그는 하나님의 음성을 듣고 즉시 "말씀하옵소서 주의 종이 듣겠나이다"(삼상 3:10)라고 대답했다. 어린아이답게 그는 복종과 순종과 기도의 자세로 대답했다.

만일 사무엘이 다른 어머니에게서 태어났다면, 성장 환경이 달랐다면, 어릴 적부터 다른 영향을 받으며 성장했다면, 그는 하나님의 음성을 듣지 못했을 것이고, 따라서 그는 자신의 삶을 기꺼이 하나님께 바치지 못했을 것이다. 하나님의 뜻과 단절되고 세상적 분위기가 지배하는 세상적 가정에서 세상적 생각으로 가득한 어머니 밑에서 사무엘과 같은 인물이 나올 수 있겠는가? 어릴 적에 경건한 분위기에서 자란 사람이 사무엘과 같은 기도의 사람이 될 수 있다.

당신은 당신의 자녀가 어릴 적부터 세상과 구별되고 하나님께 가까이 가서 그분을 섬기기를 원하는가? 당신은 당신의 자녀가 어릴 적부터 하나님의 부름을 받을 수 있는 위치에 있기를 원하는가? 만일 그렇다면 그가 기도의 환경 속에서 자라도록 하라. 하나님의 사람들로부터 직접적인 영향을 받도록 하라. 기도의 집을 늘 가까이하는 삶을 살도록 하라. 그러면 하나님께서 당신의 노력에 보답해주실 것이다.

사무엘은 어릴 적에 하나님을 알았다. 그 결과, 그는 성인이 되어서도 그분을 알았다. 그는 어릴 적에 하나님을 알고 그분께 순종하고 기도했다. 만일 기도하는 부모에게 태어나 기도의 집을 가까이하는 생활을 하면서 기도하는 환경 속에서 자라는 아이들이 더욱 많아진다면, 하나님의 음성을 듣는 아이들이 더욱 많아질 것이다. 그리고 그들은 경건한 삶을 살라고 부르시는 하나님의 부르심에 신속히 응답할 것이다.

당신은 당신 교회에 기도하는 사람들이 생기기를 원하는가? 그렇다면 기도하는 어머니들이 더욱 많아지게 힘써라. 기도의 모범을 보이는 기도하는 집이 더욱 많아지게 하라. 기도하는 분위기를 조성하여 아이들에게 깊은 인상을 심어주고, 기도생활의 기초를 마련해주어라.

기도의 용사 사무엘 같은 사람은 기도의 용사 한나 같은 어머니에게서 나오는 법이다. 기도하는 제사장은 기도의 집에서 나오는 법이다. 기도하는 지도자는 기도하는 가정에서 나오는 법이다.

지도자가 기도자여야 하는 이유

여러 해 동안 이스라엘 민족은 블레셋 족속의 속박 아래 있었다. 하나님의 궤는 아비나답의 집에 있었고, 그의 아들 엘리아살은 하나님을 증거하는 이 거룩한 물건을 지키는 일을 감당하도록 거룩히 구별되었다. 이스라엘 백성은 우상숭배에 빠졌고, 사무엘은 민족의 영적 상태에 대해 심히 근심했다. 하나님의 궤는 있어야 할 자리에 있지 않았고, 백성은 우상숭배를 즐겼으며, 하나님을 떠난 슬픈 백성의 모습만 남았다.

사무엘은 백성들에게 낯선 신(神)들을 버리라고 요구했고, 마음을 새롭게 하여 하나님을 섬길 것을 촉구했다. 그는 그들에게 하나님께서 그들을 블레셋 족속의 손에서 구해주실 것이라고 약속했다. 그는 당대의 유능한 설교자였다. 능력 있는 설교가 늘 그렇듯이 그의 설교도 백성에게 깊은 인상을 심어주고 풍성한 열매를 맺었다. 이에 대해 성경은 "이에 이스라엘 자손이 바알들과 아스다롯을 제하고 여호와만 섬기니라"(삼상 7:4)라고 말하고 있다.

그러나 이것으로는 충분하지 않았다. 그들의 개혁에는 기도가 뒤따라야 했다. 기도의 능력에 대해 철저히 확신했던 사무엘은 백성에게 "온 이스라엘은 미스바로 모이라 내가 너희를 위하여 여호와께 기도하리라"(삼상 7:5)라고 말했다. 그가 이 사악한 이스라엘 백성을 위해 기도하는 동안 블레셋 족속은 그들을 치기 위해 다가오고 있었다.

그러나 하나님께서 기도에 응답하여 결정적인 순간에 개입하셨다. 그분이 블레셋 족속에게 큰 우레를 발하여 그들을 어지럽게 하셨기 때문에 그들은 이스라엘 앞에서 패하였다(삼상 7:10).

이스라엘에게는 기도의 능력을 알고 기도할 줄 아는 지도자가 있었다. 얼마나 감사한가! 이 사람이 기도할 때 하나님께서 듣고 응답하셨다.

기도하는 가정

사무엘의 기도는 계속되었다. 그는 평생 이스라엘 백성을 다스렸다. 그는 매년 벧엘과 길갈과 미스바로 순회한 다음 그의 집이 있는 라마로 돌아갔다. 그리고 거기서도 하나님을 위하여 단을 쌓았다.

> 사무엘이 사는 날 동안에 이스라엘을 다스렸으되 해마다 벧엘과 길갈과 미스바로 순회하여 그 모든 곳에서 이스라엘을 다스렸고 라마로 돌아왔으니 이는 거기 자기 집이 있음이라 거기서도 이스라엘을 다스렸으며 또 거기 여호와를 위하여 단을 쌓았더라 삼상 7:15-17

사무엘이 쌓은 단은 희생의 제단이면서 동시에 기도의 제단이었다.

사무엘의 단이 공동체의 유익을 위한 단이었겠지만, 그것은 또한 가족의 단이었다. 그의 가족은 이 단에서 전능하신 하나님을 섬겼다. 이 단은 경건한 가정을 주변에 알리는 효과가 있었다. 이 단에서 아버지와 어머니가 하나님의 이름을 불렀다. 이 단 때문에 사무엘의 가정은 우상숭배와 세속성에 빠진 주변의 가정들과 구별되었다. 날마다 감사의 기도를 하늘로 올리고 아침과 밤에 제단에서 기도를 드리는 가정은 복이 있다!

사무엘은 기도하는 제사장, 기도하는 지도자 그리고 기도하는 선생이었다. 하지만 거기서 끝나지 않고 그는 또한 기도하는 아버지였다. 이 시대에 절실히 필요한 것은 믿음의 가정 안에서 아버지와 어머니가 기도하는 것이다.

경건생활은 가정에서부터 무너지기 쉽다. 가정의 경건생활이 무너지면 지역사회의 종교가 쇠퇴하고 부패하기 시작한다. 교회에서 기도하는 사람들이 많아지려면 먼저 가정에서 기도하는 사람들이 많아져야 한다. 부흥은 가정에서부터 시작되어야 한다.

하나님을 거부하다

이스라엘 민족에게 위기가 찾아왔다. 그들은 인간 왕을 둔 주변 나라들이 번성한다고 믿고 그것에 현혹되어서 그들의 왕이신 하나님을 거부하려고 마음먹었다. 그때까지 하나님은 언제나 그들의 왕이셨다.

그러나 백성들은 사무엘을 찾아가 "당신은 늙고 당신의 아들들은 당신의 행위를 따르지 아니하니 열방과 같이 우리에게 왕을 세워 우리를 다스리게 하소서"(삼상 8:5)라고 뻔뻔스러운 요구를 했다.

여호와 하나님의 이름과 영광과 기뻐하심을 무엇보다 소중히 여겼던 사무엘은 그들의 요청을 기뻐하지 않았다. 그가 기뻐하지 않은 것은 당연한 일이었다. 사무엘처럼 생각하는 사람이라면 누구라도 기뻐하지 않았을 것이다. 이 일로 인하여 사무엘은 근심했다. 그러나 하나님께서 그를 찾아와 위로하시며 "백성이 네게 한 말을 다 들으라 그들이 너를 버림이 아니요 나를 버려 자기들의 왕이 되지 못하게 함이니라"(삼상 8:7)라고 말씀하셨다.

기도의 사람 사무엘은 문제가 생기자 하나님께 기도했다(삼상 8:6). 백성과 관계된 모든 일에서 사무엘은 기도로 문제를 해결했다. 백성들이 하나님 대신 인간 왕의 지배를 받겠다고 요구하면서 '정부'政府의 형태를 취한 사실상의 혁명을 일으켰을 때, 사무엘은 더욱 기도에 힘쓸 수밖에 없었다. 그는 하나님께서 백성의 요청에 대해 어떻게 생각하시는지를 알고 싶었다.

정부의 일을 기도를 통해 하나님께 맡기려면 반드시 기도하는 사람이 있어야 한다. 입법자들, 판사들 그리고 변호사들에게는 하나님을 알고 그들을 위해 기도하는 지도자가 필요하다. 국가의 일을 처리할 때 더욱 많이 기도한다면 실수는 그만큼 줄어들 것이다.

깨달음

이스라엘 백성들이 인간 왕을 요구한 사건에 대해 좀 더 얘기를 해보자. 하나님께서 그들의 요청을 들어주시고 끝난 것이 아니었다. 하나님은 그 백성들의 요청을 불쾌하게 여기신다는 것을 그들에게 분명히 보여주기를 원하셨다. 하나님은 비록 그들의 요청을 들어주셨지만, 그들이 얼마나 악한 일을 행한 것인지 깨닫기를 원하셨다. 백성들은 하나님께서 분명히 살아 계시며, 자신들의 삶과 자신들의 왕의 삶과 국가의 일에 분명히 개입하신다는 사실을 깨달아야 했다.

그리하여 하나님의 목적을 이루기 위해 사무엘의 기도가 다시 요청되었다. 사무엘은 백성들에게 가만히 서 있으라고 말했는데, 이것은 하나님께서 행하실 일을 그들에게 보여주기 위함이었다. 그는 하나님께 기도했고, 하나님은 그 기도에 응답하여 큰 뇌우를 보내셨다. 이 뇌우를 보고 백성들은 두려움을 느꼈고, 자신들의 큰 죄를 인정했다.

두려움에 사로잡힌 백성들은 자기들이 멸망을 당하지 않도록 사무엘에게 기도해달라고 간청했다. 그가 기도하고, 하나님께서 듣고 응답하셨을 때 뇌우가 그쳤다.

하나님 앞으로 문제를 가져가다

사무엘의 기도의 삶에서 우리가 주목할 만한 경우가 또 있다. 사울 왕에게 아말렉 족속과 그들의 모든 소유물을 진멸하라는 명령이 떨어졌다. 그러나 사울은 하나님의 명령을 따르지 않고 아각 왕뿐만 아니라 양과 소 떼 가운데 가장 좋은 것들을 살려두었다. 그리고 백성들이 그렇게 하기를 원했다고 말하며 자기의 행위를 정당화했다.

그때 하나님은 사무엘에게 이렇게 말씀하셨다.

> 내가 사울을 세워 왕 삼은 것을 후회하노니 그가 돌이켜서 나를 좇지 아니하며 내 명령을 이루지 아니하였음이니라 삼상 15:11

이 말씀을 듣고 사무엘은 근심하여 온 밤을 여호와께 부르짖었다(삼상 15:11). 이런 하나님의 말씀을 갑자기 듣게 되었을 때, 사무엘 같은 사람이 슬퍼하는 것은 당연했다. 왜냐하면 그는 그의 민족을 사랑하고 하나님께 충성하는 사람으로서 시온의 번영을 그 무엇보다 원했기 때문이다. 오늘날에도 교회 안의 악한 것을 보는 사람들은 슬퍼하며 무릎 꿇고 기도해야 한다.

물론, 사무엘은 문제를 하나님 앞으로 가져갔다. 때는 기도해야 할 때였다. 상황이 심각한 만큼 그는 근심하며 기도할 수밖에 없었다. 마음속 깊은 곳에서 큰 동요가 일어났기 때문에 사무엘은 밤을 새며 기도했다. 당시 그 문제에 너무나 많은 것이 걸려 있었으므로 사무엘이 무관심한 태도로 문제를 회피하며 하나님께 아뢰지 않는다는 것은 있을 수 없는 일이었다. 이스라엘의 장래가 거기에 달려 있었다.

  사무엘은 어릴 적에 기도의 영향을 많이 받은 사람이었다. 이스라엘의 지도자가 되었을 때, 그는 오랜 세월에 걸친 하나님과의 교제가 있었기에 기도응답을 받을 수 있었다.

Secrets of Prayer Answered 07

1 당신의 자녀를 기도의 영향력 가운데 두라.

어릴 적부터 경건한 분위기 속에서 자란 아이가 사무엘과 같은 기도의 사람이 될 수 있다. 기도의 용사 사무엘 같은 사람은 기도의 용사 한나 같은 어머니에게서 나오는 법이다. 기도하는 지도자는 기도하는 가정에서 나오는 법이다. 당신의 자녀가 기도의 사람이 되기를 원하는가? 어릴 적부터 하나님의 일에 참예하는 데 부름을 받도록 당신의 자녀를 세상과 구별하여 하나님께 드려라!

2 기도하는 가정에서 기도의 사람이 배출된다.

사무엘은 기도하는 제사장, 기도하는 지도자, 기도하는 선생일 뿐만 아니라 기도하는 아버지였다. 오늘날 절실히 요구되는 것이 신앙적 가정이며 기도하는 부모이다. 경건생활은 가정에서부터 무너지기 쉽다. 가정의 경건생활이 무너지면 지역사회의 종교가 쇠퇴하고 부패하기 시작한다. 부흥은 가정에서부터 시작되어야 한다.

3 민족의 문제를 나의 기도제목으로!

교회의 타락에 또는 시대의 죄악 앞에 슬퍼하는 영혼은 언제나 기도의 무릎을 꿇는다. 사무엘은 민족의 문제를 하나님 앞으로 가져갔다. 그는 마음 속 깊은 곳에서 동요가 일어났기 때문에 밤을 새며 기도했다. 자기 민족을 사랑하고 하나님께 충성하는 사람은 결코 민족의 문제를 회피하거나 무관심하게 대하지 않는다.

마땅히 행할 길을 아이에게 가르치라 그리하면 늙어도 그것을 떠나지 아니하리라

잠언 22장 6절

위닝턴 잉그램
Winnington Ingram

기도의 사람들이 언제나 세상에서 능력의 사람들이었다는 것은 놀라운 역사적 사실이다. 당신이 신앙 수련회에서 친구와 논쟁을 벌이고 있다면 그에게 "세상에서 큰 능력을 보인 사람들이 언제나 기도의 사람들이었던 것은 왜일까?" 라고 반드시 물어보라.

기도하는 습관은 위기 상황에서도 담대함을 갖게 한다

chapter 08

평소 습관대로 기도하다

다니엘은 30일 동안 왕 외에 어느 신(神)이나 사람에게 아무것도 구하지 말라는 다리오 왕의 명령을 거역했다. 이것은 큰 위험을 무릅쓴 모험이었다. 왕의 명령에 거역하는 사람은 사자굴에 던져질 예정이었다. 하지만 다니엘은 왕의 명령에 개의치 않았다. 성경의 기록을 보자.

> 다니엘이 이 조서에 어인이 찍힌 것을 알고도 자기 집에 돌아가서는 그 방의 예루살렘으로 향하여 열린 창에서 전에 행하던 대로 하루 세 번씩 무릎을 꿇고 기도하며 그 하

> 하나님께 감사하였더라 단6:10

이렇게 기도하고 감사하는 것이 다니엘의 평소 습관이었다는 사실을 잊지 말라. 그는 전에 행하던 대로 무릎을 꿇고 기도하며 하나님께 감사했다. 그렇다면 다니엘은 어떻게 되었을까? 예상대로 그는 사자굴에 던져졌다. 그러나 하나님께서는 사자굴로 천사를 보내어 사자들의 입을 막으셨고, 결국 그는 머리카락 하나도 상하지 않은 채 온전히 건짐 받았다. 오늘날에도 옛 성도들처럼 기도에 힘쓰는 성도들은 언제나 위험으로부터 건짐을 받는다.

상황에 굴복하지 말고 하나님께 충성하라

다니엘은 하나님의 집에서 멀리 떨어진 타국에 있으면서 모든 종교적 권리를 박탈당한 상태에 있었다. 그럼에도 불구하고 그는 하나님을 잊지 않았다. 다니엘은 경건생활을 유지하기에 지극히 불리한 상황에 있더라도 매우 경건한 생활을 할 수 있다는 것을 보여주었다. 결코 경건하지 못한 환경에 처한 사람이라도 하나님의 종이 될 수 있다는 것을 그는 결정적으로 증명했다.

다니엘은 하나님을 두려워하는 민족의 핏줄을 타고났지만, 그의 몸은 이교도들 중에 있었다. 그의 주변에는 성전 예배, 안식일 그리고 하나님 말씀의 낭독이 없었다. 그렇지만 다니엘의 경건에 도움이 되는 것이 있었는데, 누구도 그것을 그에게서 빼앗아갈 수 없었다. 그것은 다니엘이 드리는 '은밀한 기도'였고 또한 하나님께서 기도에 응답하실 것이라는 확신이었다.

합심기도의 위력

한시라도 고민하거나 타협함 없이, 다니엘은 왕의 고기나 포도주를 먹지도 마시지도 않겠다고 결심했다. 이것은 경건하지 못한 나라에 사는 청년이라 할지라도 하나님을 두려워할 수 있다는 모범을 보여준 예이다. 그는 어떤 대가를 치르더라도 자신의 경건을 유지하겠다고 결단했다. 하지만 그에게는 몸을 눕힐 만한 화려한 침대도 없었고, 걸어가야 할 평탄한 길도 없었다.

변덕이 심하고 폭압적이고 비합리적인 느부갓네살 왕은 다니엘을 시험했고, 그가 기도의 사람이라는 것을 결국 증명해 주었다.

이 왕이 꿈을 꾸었는데, 그는 꿈의 내용을 기억하지 못하고 다만 꿈을 꾸었다는 사실만을 기억했다. 꿈 때문에 큰 번민에 빠진 왕은 점쟁이와 점성가와 마술사를 불러 그가 꾼 꿈의 내용을 말하고 그것을 해석하라고 명령했다.

느부갓네살 왕은 다니엘과 그의 세 친구 사드락과 메삭과 아벳느고를 점쟁이나 점성가나 마술사와 똑같이 취급했다(그러나, 사실 그들 사이에는 공통점이 없었다). 점쟁이와 점성가와 마술사는 왕이 꾼 꿈의 내용을 알아내는 것은 불가능하다고 생각했다.

그러면서 그들은 왕에게 꿈의 내용을 말해주면 자기들이 해석해주겠다고 말했다. 그러나 왕은 크게 분노하여 그들을 죽이라고 명령했다. 이 명命은 다니엘과 그의 세 친구에게도 해당되는 것이었다.

그때 다니엘이 나섰다. 그가 나섰을 때 왕의 성급한 명령의 실행이 일시 중지되었다. 그는 즉시 그의 세 친구를 불러 의논했다. 다니엘은 그들에게 함께 간절히 기도하자고 말했고, 그 자신도 하나님께 꿈의 내용과 해석을 보여 달라고 기도했다. 그들이 합심하여 기도했을 때 어떤 일이 일어났는지에 대해 성경은 이렇게 말한다.

> 이에 이 은밀한 것이 밤에 이상으로 다니엘에게 나타나 보이매 다니엘이 하늘에 계신 하나님을 찬송하니라 단2:19

다니엘은 그의 세 친구와 합심하여 기도한 뒤에 왕에게 꿈의 내용과 해석을 말해줄 수 있었다. 느부갓네살 왕은 하나님을 인정하게 되었고, 다니엘과 그의 세 친구를 높은 자리에 앉혔다. 이런 일은 위기의 순간에 기도하는 사람들이 있기에 가능했다.

국가를 다스리는 지도자가 큰 어려움과 번민에 빠졌을 때, 그들을 기도로 돕는 사람들이 있는 나라는 복된 나라이다! 국가의 지도자들과 교회의 지도자들을 위해 기도하는 사람이 있는 나라는 복된 나라이다!

천사들을 통한 기도응답

그로부터 몇 년이 흐른 뒤, 다니엘은 여전히 타국에 있었지만 조상의 하나님을 잊지 않았다. 그런데 하나님께서 그에게 '숫양과 숫염소'의 특이한 환상을 허락하셨다. 그는 이 이상한 환상을 이해하지 못했지만, 그것이 하나님으로부터 왔으며 여러 국가와 사람들의 미래에 대해 중대한 의미를 지닌다고 생각했다. 그리하여 다니엘은 그의 깊은 신앙심을 따라 그 환상을 놓고 기도했다. 성경의 기록을 보자.

> 나 다니엘이 이 이상을 보고 그 뜻을 알고자 할 때에 사람 모양 같은 것이 내 앞에 섰고 내가 들은즉 을래 강 두 언덕 사이에서 사람의 목소리가 있어 외쳐 이르되 가브리엘아 이 이상을 이 사람에게 깨닫게 하라 하더니 단 8:15,16

이 말씀대로 가브리엘은 다니엘로 하여금 이 놀라운 환상의 의미를 전부 깨닫게 했다. 그런데 이런 깨달음이 거저 주어진 것이 아니고, 다니엘이 기도했을 때 그 응답으로 주어진 것이다! 우리를 당황하게 만드는 문제에 대한 해답이 기도를 통해 주어지는 경우가 종종 있다. 성경의 다른 경우처럼 이번에도 하나님께서는 천사를 시켜서 다니엘에게 기도응답과 정보를 주셨다. 천사들은 인간이 하나님으로부터 기도응답을 받도록 협력한다. 기도와 기도하는 사람과 천사는 서로 밀접하게 관련된다.

기도를 통한 복

그로부터 몇 년 후에 다니엘은 서책, 즉 예레미야서를 연구하다가 이스라엘 민족의 70년 포로생활이 끝날 때가 되었음을 알게 되었다(렘 25:11,12). 그리하여 그는 이 문제를 놓고 기도하기 시작했다.

> 내가 금식하며 베옷을 입고 재를 무릅쓰고 주 하나님께 기도하며 간구하기를 결심하고 내 하나님 여호와께 기도하며 자복하여 이르기를… 단 9:3,4

이 말씀 다음에는 다니엘의 기도가 나온다. 다니엘은 정직하고 간절한 마음으로 매우 의미 있는 기도를 드렸다. 그는 죄를 고백했으며, 자기의 구하는 것을 분명히 말씀드렸다. 우리는 이런 기도를 기도의 모범으로 삼아야 한다.

다니엘이 기도할 때, 이전의 환상에서 본 천사장 가브리엘이 그에게 찾아와 아주 귀중한 계시를 전달했다(가브리엘은 그의 기도에 깊은 관심이 있는 것으로 보였다). 이에 대한 성경의 기록을 보자.

> 내가 말하여 기도할 때에 이전 이상 중에 본 그 사람 가브리엘이 빨리 날아서 저녁 제사를 드릴 때 즈음에 내게 이르더니 내게 가르치며 내게 말하여 가로되… 단 9:21,22

하나님의 천사들은 기도할 때 우리가 생각하는 것보다 훨씬 더 가까이 와 있다. 하나님께서는 우리의 기도를 듣고 그것에 응답하는 거룩한 일을 수행하실 때, 이 영예로운 천상天上의 존재들을 사용하신다.

다니엘의 경우처럼 대개의 경우 하나님의 백성들은 기도를 통해 현재의 복과 미래의 복을 받는다.

기도응답이 늦어지는 이유

바벨론에 포로로 잡혀 있던 다니엘의 삶에서 주목할 만한 기도의 사건이 또 일어났다. 그에게 계시가 또 임했는데, 그 계시는 먼 미래에 성취될 것처럼 보였다.

> 그때에 나 다니엘이 세 이레 동안을 슬퍼하며 세 이레가 차기까지 좋은 떡을 먹지 아니하며 고기와 포도주를 입에 넣지 아니하며 또 기름을 바르지 아니하니라 단 10:2,3

바로 그때 다니엘은 매우 신비로운 체험을 했고, 기이한 천사가 그에게 놀라운 계시를 전달했다. 이에 관한 성경구절을 읽어보자.

> 한 손이 있어 나를 어루만지기로 내가 떨더니 그가 내 무릎과 손바닥이 땅에 닿게 일으키고 내게 이르되 은총을 크게 받은 사람 다니엘아 내가 네게 이르는 말을 깨닫고 일어서라 내가 네게 보내심을 받았느니라 그가 내게 이 말을 한 후에 내가 떨며 일어서매 그가 내게 이르되 다니

> 엘아 두려워하지 말라 네가 깨달으려 하여 네 하나님 앞
> 에 스스로 겸비케 하기로 결심하던 첫날부터 네 말이 들
> 으신바 되었으므로 내가 네 말로 인하여 왔느니라 그런데
> 바사 국 군(君)이 이십일 일 동안 나를 막았으므로 내가 거
> 기 바사국 왕들과 함께 머물러 있더니 군장 중 하나 미가
> 엘이 와서 나를 도와주므로 단 10:10-13

이 구절의 의미를 모두 깨닫기는 쉽지 않다. 하지만 우리는 이 구절에서 표면적으로나마 몇 가지 사실을 알 수 있다. 그것은 하늘의 천사들이 우리 기도에 깊은 관심을 가지고 있으며, 우리에게 기도응답을 전하기 위해 파견된다는 사실이다. 또한 우리 눈에 보이지 않는 어떤 세력이나 영(靈)들이 우리의 기도응답을 방해하기 위해 활동한다는 사실이다.

이 구절은 다니엘을 찾아온 이 천사를 방해한 '바사 국 군' (the prince of Persia)이 정확히 누구인지를 밝히지 않는다. 하지만 이 구절을 통해 적어도 우리는 '눈에 보이지 않는 세계'에서 우리를 놓고 싸움이 벌어진다는 사실을 알 수 있다. 물론 이 싸움은 우리가 기도응답을 받을 수 있도록 돕기 위해 파견된

영들과, 그들을 좌절시키려고 애쓰는 사탄과 그의 악한 영들 사이의 싸움이다.

또한 이 구절은 우리가 즉시 기도응답을 받을 수 없는 이유에 대해 암시한다. 다니엘은 "세 이레 동안을 슬퍼하며" 기도했다고 한다. 그리고 '바사 국 군'이 하나님에 의해 파견된 천사를 "이십일 일 동안" 방해했다고 한다. 하나님을 의지할 줄 아는 지혜가 있었던 다니엘이 3주 동안 굳은 결심과 용기와 인내로써 계속 기도하는 동안, '눈에 보이지 않는 세계'에서는 그를 놓고 선한 영들과 악한 영들 사이에서 치열한 싸움이 전개되고 있었다.

그러므로 기도응답이 오지 않고 하나님께서 우리의 기도를 들으시는 것 같지 않을 때에도 기도를 포기하지 않는 자에게는 복이 있다! 기도하는 데에는 시간이 필요하고, 기도응답을 받는 데에도 시간이 필요하다.

기도응답이 늦어진다고 해서 하나님께서 응답을 거부하시는 것이 아니다. 즉시 응답을 받지 못한다고 해서 그분이 우리의 기도를 듣지 않으신다고 속단하지 말라. 기도에 성공하려면 담대함뿐만 아니라 인내심도 필요하다.

너는 여호와를 바랄지어다 강하고 담대하며 여호와를 바랄지어다 시 27:14

인내를 온전히 이루라 이는 너희로 온전하고 구비하여 조금도 부족함이 없게 하려 함이라 약 1:4

Secrets of Prayer Answered 08

1 위기의 때에도 평소 습관대로 기도하라.

다니엘은 왕 외에 다른 어느 신이나 사람에게 아무것도 구하지 말라는 다리오 왕의 명령에도 불구하고 평소 습관대로 하루 세 번씩 예루살렘을 향하여 무릎을 꿇고 기도했다. 결국 그는 사자굴에 던져졌지만, 머리카락 하나도 상하지 않은 채 온전히 건짐을 받았다. 다니엘은 신앙을 지키기 지극히 불리한 상황 가운데서도 경건생활을 유지했는데, 그 비밀은 그가 드리는 '은밀한 기도'에 있었다. 그것은 어느 누구도 빼앗을 수 없는 것이었다.

2 우리의 기도응답을 돕기 위해 천사들이 파견된다.

하나님은 기도를 들으시고 응답하시는 이 복된 일에 영광스러운 천상의 존재들을 사용하신다. 하늘의 천사들은 우리 기도에 깊은 관심을 가지고 있으며, 우리에게 기도응답을 전하기 위해 파견된다. 우리가 기도할 때 그들은 우리가 생각하는 것보다 훨씬 더 가까이 와 있다.

3 기도응답의 지연(遲延)이 거절은 아니다.

기도응답이 오지 않고 하나님께서 우리의 기도를 들으시는 것 같지 않을 때에도 기도를 포기하지 않는 자에게는 복이 있다! 즉시 응답을 받지 못한다고 해서 하나님이 우리의 기도를 듣지 않으신다고 속단하지 말라. 기도하는 데에는 시간이 필요하고, 기도응답을 받는 데에도 시간이 필요하다. 기도에 성공하려면 담대함뿐만 아니라 인내심도 필요하다.

> 무릇 경건한 자는 주를 만날 기회를 타서 주께 기도할지라
> 진실로 홍수가 범람할지라도 저에게 미치지 못하리이다
>
> 시편 32편 6절

찰스 스펄전
C. H. Spurgeon

설교를 통해 많은 영혼들을 회심의 자리로 이끈 설교자가 있었다. 그런데 이 설교자에게 하나님의 계시가 임했다. 이 계시에 따르면, 많은 사람들을 회심의 자리로 이끈 것은 그의 설교나 사역이 아니라 글을 읽을 줄 모르는 어떤 평신도의 기도였다는 것이다. 이 형제는 설교단에 오르는 계단에 앉아 설교자의 설교가 은혜를 끼치게 해달라고 기도했던 것이다! 다시 말하지만, 사람들을 주께 이끈 것은 바로 이 형제의 기도였다! 그런데 이런 일은 우리에게도 일어날 수 있다. 우리의 몸이 지칠 때까지 오랜 시간 수고했다 할지라도 충분한 기도가 없었다면 모든 영광은 금과 은과 보석 같은 기도를 드린 다른 사역자에게 돌아갈 수 있다. 충분한 기도가 없는 감동 없는 설교는 건초나 그루터기와 같다.

기도의 능력은 하나님의 은혜를 드러낸다

chapter 09

사악한 자들의 기도 부탁

구약에 나타난 기도를 연구해보면 기도의 특이한 특징이 드러난다. 그것은 불의한 자들과 믿음에서 떠난 자들도 기도의 능력을 믿는다는 것이다. 그들은 하나님께서 그들의 시대에 기도하는 사람들의 기도에 응답하실 것이라고 믿었다. 그들은 누가 하나님을 믿으며, 그분께 은혜를 입고 기도하는 '기도의 사람들'인지를 알았다. 그들은 이런 '기도의 사람들'이 하나님의 마음을 움직여 그분의 진노를 가라앉히고 악惡에서 건짐 받는다는 것을 알았다.

불의한 자들이 곤경에 빠지거나 하나님의 진노를 당할 위기에 처하거나 심지어 죄 때문에 악한 일을 당하게 될 때, 종종 그들은 기도의 능력을 믿는 믿음을 드러냈다. 왜냐하면 그럴 때에 그들이 '기도의 사람들'에게 호소했기 때문이다. 이런 죄인들은 하나님께 은혜를 입은 사람이 자기들을 위해 하나님께 간구해주기를 원했다. 왜냐하면 그들은 '기도의 사람들'의 기도가 자신들을 향한 하나님의 진노와 불쾌감을 가라앉히고 풀어드릴 수 있다고 믿었기 때문이다. 그들은 '기도의 사람들'에게 자신들을 위해 하나님께 중보기도를 드려달라고 애원했다. 그들은 기도가 사람들을 구하는 하나님의 방법이라는 것을 알았다. 또한 하나님께서 의인의 간구에 응답하신다는 사실을 알았다.

구약 시대의 이상한 역설 중 하나는 사람들이 하나님을 떠나 통탄할 만한 죄에 빠지면서도 무신론자가 되지는 않았다는 것이다. 다시 말해서, 그들은 기도에 응답하시는 하나님의 존재를 믿었다. 사악한 자들도 하나님의 존재를 믿는 믿음을 굳게 붙들었다. 그들은 기도가 죄 사함을 얻게 해주고 그분의 진노에서 벗어나게 해줄 수 있다고 굳게 믿었다.

부흥이 일어나는 때

기독교가 죄인들에게 영향을 미쳤으므로 그들은 그리스도인의 기도가 자신들에게 유익을 줄 수 있다고 믿게 되었다. 이것은 매우 주목할 만한 일이다. 죄인이 임종 때에 '기도의 사람'을 불러서 자기를 위해 기도해달라고 부탁하는 것은 매우 흥미롭고 뜻 깊은 일이다.

죄책감에 짓눌려 죄를 뉘우치는 죄인들이 하나님의 진노를 느끼고 교회의 제단으로 가서 "여러분, 기도하는 자들이여, 나를 위해 기도해주십시오!"라고 말하는 것은 의미심장한 일이다.

그런데 교회가 기도의 강력한 능력을 이해하지 못하고 기도의 가치를 알지 못하는 것은 매우 유감스러운 일이다. 특히 이것은 자기들의 불사不死의 영혼을 위해 기도해달라고 부탁하는 '구원받지 못한 사람들'과 관련하여 더욱 그러하다. 그러나 교회 주변에 널린 '회심하지 못한 자들'의 위험성을 의식하는 교회가 기도응답에 인색하지 않으신 하나님께 온전히 순종한다면, 더 많은 죄인들이 교회의 제단으로 와서 '기도의 사람들'에게 "내 영혼을 위해 기도해주십시오"라고 부르짖을 것이다.

일부에서 죄인들을 위한 기도가 드려지기는 하지만, 그것이 차갑고 형식적인 기도이기 때문에 하나님께 상달되지 못하고 아무것도 이루지 못한다. 부흥은 죄인들이 '기도의 사람들'에게 기도를 부탁하고 그들의 기도에 응답하시는 하나님을 찾을 때 일어난다.

사악한 자들도 기도의 능력을 믿는다

구약 시대를 자세히 살펴보면 몇 가지 사실이 두드러지게 나타난다.

첫째, 하나님을 대적하는 죄인들도 어려움이 닥치면 도움과 도피처를 얻으려고 거의 억지로 '기도의 사람들'을 의지하는 경향을 보였다. 그들은 곤경에서 벗어나기 위해 기도를 부탁했다. 즉, 그들은 "우리를 위해 기도해주시오"라고 소리쳤다.

둘째, '기도의 사람들'은 그들의 호소에 즉시 반응하여 그들의 구원을 위해 하나님께 기도했다. 특히 인상적인 것은, 이런 '기도의 사람들'은 언제나 기도의 영靈 안에서 하나님께 구할 준비가 되어 있었다는 것이다. 언제나 그들은 기도하기를 기뻐했다.

셋째, '기도의 사람들'이 하나님께 호소할 때마다 하나님은 그들의 기도에 신속히 응답하셨다. 언제나 그분은 다른 사람들을 위한 그들의 기도를 들으시고 즉시 응답하셨다. 교회의 역사 초기에는 다른 기도보다 특히 중보기도가 더 많이 드려졌다.

현대의 죄인들은 기도의 능력을 믿지 않는 경향이 강한데, 이것에 대해 오늘날의 교회가 얼마나 큰 책임이 있는지 진지하게 생각해보아야 한다.

사악한 자들도 기도의 능력을 믿어서 하나님의 사람에게 자기들을 위한 중보기도를 부탁한다. 그 첫 번째 경우는 이스라엘 백성에게 불뱀들이 보내졌을 때였다. 이스라엘 백성들은 호르산에서 진행하여 홍해 길로 좇아 에돔 땅을 둘러 행하려 하였다가 길로 인하여 마음이 상하여 하나님과 모세를 향해 이렇게 원망했다.

> 어찌하여 우리를 애굽에서 인도하여 올려서 이 광야에서 죽게 하는고 이곳에는 식물도 없고 물도 없도다 우리 마음이 이 박한 식물을 싫어하노라 민 21:5

하나님께서는 이런 불평을 들으시고 불뱀들을 보내어 그들 중에 많은 사람이 물려 죽게 하셨다. 그러자 그들은 모세에게 이렇게 외쳤다.

> 우리가 여호와와 당신을 향하여 원망하므로 범죄하였사오니 여호와께 기도하여 이 뱀들을 우리에게서 떠나게 하소서 민 21:7

모세는 백성을 위해 기도했고, 하나님은 그의 기도에 응답하셨다.

백성들은 하나님을 멀리 떠났고 그분의 다스리심에 대해 불평하여 중죄를 지었지만, 기도하면 응답받을 수 있다는 믿음을 잃지 않았다. 그들은 기도로써 하나님의 마음을 움직일 수 있는 지도자가 이스라엘에 있다는 것을 잊지 않았다. 그리고 그런 지도자가 기도로써 재앙을 막고 자신들을 구할 수 있다는 사실도 잊지 않았다.

여로보암의 기도 부탁

이스라엘 왕국이 분열되었을 때, 열 지파를 통치하게 된 첫 번째 왕 여로보암도 기도의 능력을 믿었던 사악한 사람의 전형적인 예이다. 그가 주목을 받는 이유는 하나님을 떠난 그의 죄가 악명 높았기 때문이다. 그의 죄가 악명 높았다는 것은 그의 후대에 이스라엘 역사에서 "이스라엘로 범죄케 한 느밧의 아들 여로보암의 죄"(왕하 10:29)라는 말이 종종 등장했다는 사실에서도 입증된다. 하지만 그의 삶은 큰 죄에도 불구하고 그가 기도의 능력에 대한 믿음을 잃지 않았다는 것을 보여준다. 여로보암은 하나님께서 기도에 따라 활동하신다는 사실을 알았다. 이 왕은 대제사장으로 행세하며 제단 옆에 서서 분향했다.

하나님의 사람이 유다로부터 와서 단을 향하여 하나님의 말씀을 외쳤다.

> 단이 갈라지며 그 위에 있는 재가 쏟아지리라 왕상 13:3

이 말을 들은 여로보암은 분노했다. 왜냐하면 하나님의 사람의 이 말은 제사장의 행세를 한 그의 행동이 레위기 법에 어굿나는 것이라고 공개적으로 책망한 것이기 때문이었다. 그는 단에서 손을 펴며 "저를 잡으라"(왕상 13:4)라고 외쳤다(그가 손을 편 것은 하나님의 사람을 체포하거나 그에게 폭력을 가하려는 의도에서 비롯된 것으로 보인다).

여로보암이 이렇게 외쳤을 때 하나님께서 즉시 그를 문둥병으로 치셨고, 그는 손을 다시 거두지 못했다. 그리고 그와 동시에 단이 갈라졌다. 자신의 죄에 대해 즉시 응징이 가해진 것을 보고 너무나 놀라고 두려워진 그는 하나님의 사람에게 "청컨대 너는 나를 위하여 네 하나님 여호와께 은혜를 구하여 내 손으로 다시 성하게 기도하라"(왕상 13:6)라고 부탁했다. 하나님의 사람이 하나님께 은혜를 구하자 왕의 손이 다시 성하여 전과 같이 되었다.

우리는 이 사건에서 기도의 능력과 하나님의 사람의 기도생활을 엿볼 수 있다. 하지만 이것이 현재 이야기의 초점은 아니다. 이 이야기의 초점은 큰 죄를 범한 이스라엘의 지도자가 하나님의 진노 앞에서 즉시 '기도의 사람'에게 중보기도를 부탁했다는 것이다.

이 사건을 통해 우리는, 하나님께서 거룩한 사람의 기도에 응답하신다고 믿는 믿음이 죄인에게도 있다는 사실을 발견할 수 있다.

슬픈 일

교회가 기도하지 않기 때문에 죄인들이 기독교의 능력을 느끼지 못하고 기도의 능력도 믿지 않으며 '기도의 사람들'의 기도에도 별로 관심을 갖지 않는데, 이것은 정말 슬픈 일이다!

여로보암이 기도의 능력을 믿는 믿음을 보여준 사건이 또 일어났는데, 그것은 그의 아들이 병들어 죽게 되었을 때이다. 이 사악하고 강퍅한 왕은 그의 아내를 하나님의 선지자 아히야에게 보냈다. 이는 병든 그의 아들이 어떻게 될 것인지를 알기 위함이었다.

아히야는 앞을 거의 보지 못하는 늙은 선지자였는데, 왕의 아내는 자기가 누구인지를 드러내지 않으려고 변장을 했다. 하지만 하나님께서는 아히야에게 왕의 아내가 올 것이라고 말씀해주셨다. 왕의 아내가 도착하자 아히야는 자기가 그녀를 이미 알고 있음을 즉시 드러냈다.

아히야는 그녀에게 왕국에 대하여 중요한 예언을 했으며,

그녀의 남편이 하나님의 계명을 거역하고 우상숭배에 빠진 것을 책망했다. 그런 다음 아히야는 그녀에게 "너는 일어나 네 집으로 가라 네 발이 성에 들어갈 때에 그 아이가 죽을지라"(왕상 14:12)라고 말했다.

자식을 둔 아버지의 입장에서 곤경에 처한 사람이 '기도하는 선지자'를 찾아서 문제를 해결해보려고 시도하는 것은 자연스러운 일이다. 처음 경우와 마찬가지로, 여로보암은 비록 죄인이었지만 하나님의 사람이 가진 중보기도의 능력을 망각하지는 않았다. 그는 하나님께서 반드시 기도에 응답하신다는 사실을 알았다.

처음 경우와 달리 이번에는 그의 소원이 이루어지지 않았지만, 이번 경우에도 적어도 다음 주장의 정당성은 입증되었다. 구약 시대에 기도하지 않는 죄인들까지도 '기도의 사람들'의 기도의 능력을 굳게 믿었다는 주장 말이다.

기도의 사람이라는 명성을 회복하라

요하난이라는 사람을 예로 들어 보자. 그는 이스라엘 자손의 바벨론 포로생활 초기에 살았던 인물이다. 이스라엘 자손이 바벨론으로 잡혀갔지만, 요하난과 예레미야는 다른 소수의 무리와 함께 고국에 남겨졌다. 이스마엘은 바벨론 왕에 의해 총독으로 임명된 그다랴를 대적하여 음모를 꾸며 그를 살해했다. 그리고 이스마엘은 사람들을 사로잡아서 타국으로 가려고 시도했다. 그때 요하난이 와서 그들을 이스마엘의 손에서 구해냈다. 하지만 요하난은 애굽으로 도망하려는 뜻을 가지고 있었다(이것은 하나님의 뜻에 어긋나는 것이었다). 그는 온 백성을 모은 다음, 그들과 함께 예레미야를 찾아가 다음과 같이 간청했다.

> 당신은 우리의 간구를 들으시고 이 남아 있는 모든 자를 위하여 당신의 하나님 여호와께 기도하소서 당신이 목도하시거니와 우리는 많은 중에서 조금만 남았사오니 당신의 하나님 여호와께서 우리의 마땅히 갈 길과 할 일을 보이시기를 원하나이다 렘 42:2,3

다른 선한 사람들이 기도 부탁을 받았을 때 보였던 반응과 마찬가지로 예레미야도 올바른 길을 보여달라는 자들을 위해 중보기도를 했다. 열흘 후에 하나님께서 응답하셨다. 예레미야는 그들이 애굽으로 내려가지 않고 예루살렘 안과 그 주변에 머무는 것이 하나님의 뜻이라고 알려주었다. 그러나 요하난과 백성들은 하나님의 말씀에 순종하지 않았다. 그런데 그들이 순종하지 않은 것은 사실이지만, 그들이 기도와 '기도하는 사람들'에 대한 믿음을 소유하고 있었던 것도 사실이다.

구약 시대의 죄인들이 기도의 능력을 믿었다는 것은 그 시대에 '기도의 사람들'이 기도를 많이 했다는 것을 간접적으로 증명해준다. 이것을 보여주는 또 다른 예가 있다. 당시 죄인들은 기도가 힘을 발휘한다는 것을 믿었다. 기도가 사람들에게 큰 영향력을 발휘하고, 일반적으로 사람들이 기도의 필요성을 인정했던 것이 틀림없다. 그래서 죄인들조차 그들의 행동을 통해 기도의 능력과 필요성을 인정했던 것이다.

죄인들조차 기도의 가치를 증명한다면, 현대의 그리스도인들은 마땅히 기도의 필요성을 깊이 느끼고 그것의 능력과 미덕을 굳게 믿어야 한다. 구약 시대의 사람들이 '기도의 사람들'이라는 명성을 얻었다면, 은혜의 시대를 사는 현대의 그리스도인들도 기도를 소중히 여겨 역시 '기도의 사람들'이라는 명성을 얻어야 한다.

시드기야의 믿음

시드기야는 하나님의 백성들이 포로로 잡히던 때의 유다 왕이었다. 그는 예루살렘이 바벨론 왕에 의해 함락될 때 유다 왕국을 다스리고 있었다. 바로 그때 시드기야는 두 사람을 선택하여 예레미야에게 보내면서 "바벨론 왕 느부갓네살이 우리를 치니 청컨대 너는 우리를 위하여 여호와께 간구하라 여호와께서 혹시 그 모든 기사로 우리를 도와 행하시면 그가 우리를 떠나리라"(렘 21:1)라고 전하게 했다.

그들의 질문에 대답하여 하나님께서는 예레미야에게 어떻게 해야 할지, 또 무슨 일이 일어날지 말씀해주셨다. 그러나 요하난의 경우와 마찬가지로 시드기야는 순종하지 않았다. 그는 하나님의 명령에 따르려고 하지 않았다. 그렇지만 시드기야가 기도에 의지했다는 것은, 그가 기도를 통해 하나님의 뜻을 알 수 있다고 믿는 믿음을 잃지 않았다는 것을 결정적으로 입증해준다. '기도의 사람들'의 기도가 능력이 있다는 것을 믿는 그의 믿음은 사라지지 않고 그대로 있었다.

구약 시대 전체에 걸쳐서 기도는 막강한 영향력을 행사했다. 이것은 하나님의 사람들이 기도응답을 얻는 일로 인하여 주목을 받았다는 점에서뿐만 아니라, 심지어 불경한 죄인들조차 기도의 효력을 증거했다는 점에서 그렇다.

Secrets of Prayer Answered 09

1. 구약 시대의 죄인들도 기도의 능력을 믿었다.

구약 시대의 이상한 역설 중 하나는 사람들이 하나님을 떠나 통탄할 만한 죄에 빠지면서도 무신론자가 되지는 않았다는 것이다. 당시 죄인들은 기도가 죄 사함을 얻게 해주고 하나님의 진노에서 벗어나게 해줄 수 있다고 굳게 믿었다. 그래서 그들은 기도의 사람들에게 자신들을 위해 하나님께 기도를 드려달라고 애원했다.

2. 구약 시대에 죄인들과 기도의 사람들 사이에서 두드러지게 나타나는 특징

첫째, 하나님을 대적하는 죄인들도 어려움이 닥치면 도움과 도피처를 얻으려고 기도의 사람들을 의지하는 경향을 보였다.
둘째, 기도의 사람들은 그들의 호소에 즉시 반응하여 그들의 구원을 위해 하나님께 기도했다.
셋째, 기도의 사람들이 하나님께 호소할 때마다 하나님은 그들의 기도에 신속히 응답하셨다.

3. 부흥은 죄인들이 기도의 사람들에게 기도를 부탁할 때 일어난다.

오늘날 교회 주변에 널린 '회심하지 못한 자들'의 위험성을 의식하는 교회가 하나님께 온전히 순종한다면, 더 많은 죄인들이 교회의 제단으로 와서 '기도의 사람들'에게 "내 영혼을 위해 기도해주십시오"라고 부르짖을 것이다. 일부에서 죄인들을 위한 기도가 드려지기는 하지만, 그것이 차갑고 형식적인 기도이기 때문에 하나님께 상달되지 못하고 아무것도 이루지 못한다.

> 내가 너희에게 이르노니 이와 같이 죄인 하나가 회개하면
> 하늘에서는 회개할 것 없는 의인 아흔아홉을 인하여 기뻐하는 것보다 더하리라
> 누가복음 15장 7절

휴버트 브룩
Hubert Brooke

18세기의 위대한 신앙 인물 플레처Fletcher는 젊은 신학생에게 강의했다. 그는 웨슬리와 함께 일한 사람이며, 매우 경건한 사람이었다. 그는 성령충만 같은 성경의 큰 주제에 대해 강의하거나 또는 신령한 능력과 복에 대해 강의했다(플레처는 자신의 학생들이 이런 능력과 복을 받기를 원했다). 강의를 끝낼 때 그는 "자, 이제까지 배운 것은 이론에 불과합니다. 실천을 원하는 사람은 나와 함께 내 방으로 올라갑시다"라고 말하곤 했다. 학생들은 책을 덮고 그를 따라 방으로 올라갔다. 한 시간의 수업 후에 한두 시간의 기도가 뒤따랐던 것이다!

기도 골방에서 죽는 자가 진정한 순종을 할 수 있다

chapter 10

기도를 쉬지 말라

바울은 기도의 필요성을 정말로 절박하게 느꼈기 때문에 그리스도인들에게 기도하라고 권면했다. 그의 권면은 종종 강력하고 간절하고 집요했다. 그는 디모데에게 "내가 첫째로 권하노니 모든 사람을 위하여 간구와 기도와 도고와 감사를 하되"(딤전 2:1)라고 썼다. 기도는 교회를 지켜주는 가장 확실한 수단이 되어야 한다. 또한 교회는 다른 무엇보다도 기도의 중요성과 필요성을 뼈저리게 느껴야 한다. 가장 중요한 것은 그리스도의 교회가 기도하는 교회가 되는 것이다. 교회는 모든 사람을 위해 기도해야 한다.

바울은 빌립보 성도들에게 "아무것도 염려하지 말고 오직 모든 일에 기도와 간구로 너희 구할 것을 감사함으로 하나님께 아뢰라"(빌 4:6)라고 가르쳤다. 교회는 아무것도 염려하지 말아야 한다. 교회는 필요한 것과 구할 것을 기도를 통해 하나님께 아뢰어야 한다. 아무리 작은 것이라도 기도제목으로 삼아야 한다. 하나님께서 해결하시지 못할 문제란 없다. 교회가 기도하면 하나님께서 응답하여 교회 문제를 해결해주실 것이다.

바울은 또한 데살로니가교회에게 "항상 기뻐하라 쉬지 말고 기도하라 범사에 감사하라 이는 그리스도 예수 안에서 너희를 향하신 하나님의 뜻이니라"(살전 5:16-18)라는 아주 중요한 교훈을 주었다. 응답을 받기 위해서는 교회가 쉬지 말고 기도해야 한다. 교회에서 기도가 중단되는 일이 결코 일어나서는 안 된다. 이것이 이 땅 위에 있는 하나님의 교회를 향한 그분의 뜻이다.

기도하는 사람만이 기도를 가르칠 수 있다

바울은 기도에 전념했다. 하지만 그것으로 끝난 것이 아니었다. 그는 또한 기도의 절대적 중요성을 부각시키면서 기도하라고 끊임없이 열렬히 강조했다. 그는 교회가 기도해야 한다고 말하는 것으로 끝나지 않고, 거기에 덧붙여 교회에게 끈질기게 기도하라고 권했다. 기도하라는 그의 권면의 핵심은 "기도를 항상 힘쓰고 기도에 감사함으로 깨어 있으라"(골 4:2)라는 말에 들어 있다. 사람들에게 기도의 중요성을 깨우쳐주기 위해 그는 "모든 기도와 간구로 하되"(엡 6:18)라고 말했다. 그는 "각처에서 남자들이 분노와 다툼이 없이 거룩한 손을 들어 기도하기를 원하노라"(딤전 2:8)라고 권했다. 바울 자신이 이렇게 기도했기 때문에 그는 자신의 사역 대상이 된 사람들에게 이렇게 권면할 수 있었던 것이다.

바울은 하나님께서 세우신 지도자였고 또한 많은 사람들에게 인정받고 받아들여진 지도자였다. 바울은 사역을 하면서 많은 기적을 행했는데, 근본적이고 눈에 확 띄는 그의 회심(回心)이 곧 기적이었다. 그가 사도로 부르심을 받은 사건은 매우 분명했고 빛이 났으며 확신을 주기에 충분했다. 그러나 이런 것들이 그의 사역에서 가장 큰 열매를 맺게 하는 하나님의 나타나심은 아니었다. 그의 사역 방향을 더욱 분명하게 결정짓고 그의 노력을 성공으로 이끈 것은 바로 그의 기도였다. 다시 말해서 그는 기도를 통해 하나님과 소통했던 것이다. 그는 하나님께서 그의 기도에 응답하여 필요한 것을 채워주시고 그를 인도하신다는 것을 알았다.

그러므로 사도 바울이 설교와 편지를 통해 기도의 중요성을 그토록 강조한 것은 당연한 일이다. 그의 삶에서 기도가 가장 중요한 위치를 차지했기 때문에 그의 설교에서도 기도가 가장 중요한 위치를 차지했다. 그는 개인적으로 기도하고 하나님께 응답을 받는 모범을 보였다. 따라서 기도에 대한 그의 교훈에는 권위가 있을 수밖에 없었다. 바울은 가르치며 실천했고 실천하며 가르쳤다. 바울의 교훈과 실천은 서로 일치했다.

바울은 사도 중 최고였고, 기도에 있어서도 그랬다. 그가 사도 중 최고가 될 수 있었던 것은 그의 기도생활 때문이었다. 그렇기 때문에 그는 기도를 가르칠 자격이 있었다. 그 자신이 기도했기 때문에 그는 기도가 무엇인지, 기도가 무엇을 이룰 수 있는지 가르칠 자격이 있었다. 그리고 사람들에게 "기도가 모든 것을 좌우하므로 기도를 게을리 하지 말라"라고 권면할 수 있었다.

다른 사람에게 "기도하여 응답을 받으십시오"라고 가르치려는 사람은 먼저 그 자신이 기도에 힘써야 한다. 다른 사람에게 기도를 권하려는 사람은 그 자신이 먼저 기도의 골방을 부지런히 드나들어야 한다. 설교자들이 사람들에게 기도를 얼마나 권할 수 있는지는 그들의 기도생활의 질質에 따라 결정된다. 그들의 설교의 질도 그들의 기도생활의 질에 따라 결정된다. 이런 논리가 성립되는 것은 당연하다. 그렇다면 우리는 "기도응답을 받는 법에 대한 설교가 오늘날 그토록 적은 이유는 설교자들 자신이 기도응답을 받는 법을 모르기 때문이다"라고 결론을 내릴 수 있다.

이 시대에 기도의 절대적 필요성과 능력에 대해 이야기할 때, 우리는 그 모든 논의를 기도에 대한 바울의 교훈에서 출발해야 할 것이다. 개인의 능력만으로, 강한 의지력만으로, 흔들리지 않는 신념만으로, 개인의 교양과 재능만으로 그리고 이 모든 것을 합한다 해도, 기도가 없다면 하나님의 교회를 이끌어갈 수 있겠는가? 만약 그렇다면 논리상 기도는 필요 없을 것이다. 깊은 경건과 고상한 목적을 향한 흔들리지 않는 헌신이나 예수 그리스도께 대한 확고한 충성심이, 혹은 이 두 가지 모두가 꾸준한 기도 없이 존재할 수 있겠는가? 또 이런 것들로 인해 교회 지도자가 기도에 대한 책임을 면제받을 수 있겠는가? 그렇다면 바울도 기도할 필요가 없었을 것이다. 그러나 기도는 하나님의 응답과 인도를 얻는 방법이다. 은혜와 은사가 넘치고 경건하고 위대한 사도인 바울조차도 끊임없이 기도의 필요성을 느꼈다. 그는 기도의 실천이 무엇보다 급하고 중요하기 때문에 교회가 쉬지 않고 기도해야 한다는 것을 알았다. 오늘날도 모든 그리스도인은 사도들을 본받아 사역하는 형제들을 돕기 위해 뜨겁게 기도하지 않으면 안 된다.

바울은 친히 기도를 실천했고, 기도하라고 명령했으며, 교회에게 기도하도록 강권했다. 이것은 기도의 절대적 필요성을 보여주는 가장 확실한 증거이다. 기도는 이 세상에서 가장 강력한 영적 힘이다. 기도는 복음의 전파와 진보에 필수 불가결한 요소이며 양도讓渡 불가의 요소이다. 기도는 하나님과 소통하여 그분의 지시를 받을 수 있는 유일한 방법이다. 또한 기도는 개인의 경건을 함양하는 데 핵심적인 역할을 한다. 바울은 기도하고 응답받는 일이 없는 교회는 결코 성공할 수 없다고 확신했다.

기도해도 응답받지 못한다고 말하는 사람들에게 바울은 대답했다.

"어디서나 기도하라! 범사에 기도하라! 쉬지 말고 기도하라!"

기도는 성령님의 교훈이다

바울은 디모데를 매우 소중하게 여겼다. 그들은 서로 각별한 사이였으며, 서로 비슷한 점이 있어서 더욱 가까워졌다. 바울은 디모데에게서 자신의 영적 계승자가 될 만한 자질을 발견했다.

바울은 교회를 세우고 성장하게 만드는 데 필수적으로 요구되는 영적 원리들을 따르는 지도자였다. 그는 이런 근본적이고 필수적인 원리들을 디모데에게 전수해도 좋다고 판단했고, 그것들을 그에게 반복적으로 가르쳤다. 또한 그는 디모데가 그것들을 제대로 보존하여 훼손하지 않고 후대에 전할 것이라고 믿었다. 그리하여 그는 모든 시대를 위한 기도의 원리를 디모데에게 가르쳤던 것이다.

다른 화제로 넘어가기 전에 언급해야 할 것은 바울이 성령님의 직접적인 인도하심 아래 서신들을 썼다는 것이다. 성령님은 그가 오류를 범하지 않도록 지켜주셨고, 진리를 그에게 상기시켜서 그가 가르칠 수 있게 해주셨다.

우리는 성경의 절대적인 영감靈感을 추호도 타협하지 않고 믿는다. 물론, 바울의 편지들은 성령의 감동으로 기록된 성경의 일부이다. 그렇다면 바울이 가르친 기도의 교훈은 성령님의 교훈이다. 그의 편지들은 성령의 감동으로 기록되었고, 참되고 신적神的 권위를 갖는 하나님의 말씀에 속한다. 그러므로 전능하신 하나님께서는 하나님의 교회가 바울이 가르친 기도의 교훈을 받아들이고 믿고 실천에 옮기기를 원하신다. 하나님은 교회가 기도하지 않음으로써 하나님의 인도와 공급을 얻지 못하기를 원하지 않으신다.

그러므로 바울이 디모데에게 가르친 교훈은 하나님께서 성령의 감동을 통해 주신 말씀이다. 그의 이 교훈을 담은 성경구절은 단지 암시적으로 말하고 마는 것이 아니다. 또한 이런 성경구절은 기도에 대한 기본적인 뼈대만을 가르치고 마는 것이 아니다. 바울은 기도에 대해 구체적으로 교훈한다. 즉, 우리가 어떻게 기도해야 할지, 사업가가 어떻게 기도해야 할지, 우리가 왜 기도해야 하는지를 가르친다. 그러므로 우리도 바울의 교훈을 계속 가르치고 강조해야 한다.

기도에게 최고의 자리를 내어주라

바울이 디모데에게 가르친 기도에 관한 교훈을 살펴보자.

> 그러므로 내가 첫째로 권하노니 모든 사람을 위하여 간구와 기도와 도고와 감사를 하되 임금들과 높은 지위에 있는 모든 사람을 위하여 하라 이는 우리가 모든 경건과 단정한 중에 고요하고 평안한 생활을 하려 함이니라 이것이 우리 구주 하나님 앞에 선하고 받으실 만한 것이니 하나님은 모든 사람이 구원을 받으며 진리를 아는 데 이르기를 원하시느니라 하나님은 한 분이시요 또 하나님과 사람 사이에 중보도 한 분이시니 곧 사람이신 그리스도 예수라 그가 모든 사람을 위하여 자기를 속전으로 주셨더니 기약이 이르면 증거할 것이라 … 그러므로 각처에서 남자들이 분노와 다툼이 없이 거룩한 손을 들어 기도하기를 원하노라 딤전 2:1-6,8

기도에 대한 이 교훈에서 바울은 모든 시대의 모든 그리스도인의 유업遺業과 실천이 무엇인지를 보여주었다. 이 교훈은 기도의 역동적이고 다양한 특징을 보여준다.

기도가 첫째이다. 다른 모든 일보다 기도가 먼저이다. 기도는 지극히 중요하고 그 능력 또한 무한하다. 따라서 우리는 기도를 영적으로 가치 있는 다른 어떤 것보다 우선시해야 한다. 기도하지 않는 사람은 아무것도 아니다. 아니, 아무것도 아닌 것보다 더 나쁘다. 그리스도와 하나님과 관계된 차원에서는 제로zero 이하이다. 주께 구하지 않고 어떻게 개인과 교회의 문제를 해결해나갈 것인가?

바울은 우리가 이 땅에서 할 수 있는 모든 행동 중에서 가장 중요한 것이 기도라고 가르친다. 기도에게 최고의 자리를 내어주기 위해 다른 모든 것을 포기하고 억제해야 한다.

기도를 첫째로 여겨라. 계속 그렇게 하라. 기도에게 두 번째 자리를 배정하면 승리는 사라지고 패배만 남는다. 기도를 종속적인 것으로 여기는 것은 기도의 능력을 족쇄에 채워 죽이는 행위나 다름없다. 하지만 하나님과 기도에게 최고의 자리를 드리면 승리는 보장된다. 기도는 우리 삶에서 왕 노릇

하거나 폐위되거나 둘 중 하나이다. 당신은 어느 편을 택하겠는가?

다른 사람들을 위해 기도하라

바울은 기도의 모든 요소와 형식, 즉 "간구와 기도와 도고와 감사"(딤전 2:1)가 사람들을 위한 중보기도의 일환으로 드려져야 한다고 했다. 무릇 기도는 물질과 일시적인 선善과 영적인 선과 유익을 얻기 위해 드려진다. 그런데 우리에게 기도를 가르치면서 바울은 기도의 최고 목적과 결과가 무엇인지를 일러준다. 기도는 사람들에게 영향을 미친다. 기도응답은 그들의 유익과 성품과 행동과 생사를 좌우한다.

이런 점에서 기도는 지고至高의 것이며, 지고의 목적을 추구한다. 우리는 이 세상에 살기 때문에 재산이나 직업 같은 물질적인 것에 신경을 쓴다. 하지만 우리가 이 세상에서 가장 추구해야 할 목적은 다른 사람들을 위해 기도하는 것이다. 다른 사람들을 위해 기도할 때 기도의 폭이 넓어지고 기도가 고상해진다. 사람들의 영적 상태가 어떠하든지 간에 우리는 강력한 기도로써 그들을 도와야 한다.

분노 없이 기도하라

바울은 기도가 본질적으로 내적 본성과 관련된 문제라고 가르친다. 우리 안에 계신 성령님이 기도하신다. "그러므로 … 남자들이 분노 … 없이 … 기도하기를 원하노라"(딤전 2:8)라는 바울의 말에 주목해보자. 본래 '분노'wrath라는 말은 식물과 열매의 내부에서 일어나는 자연적 현상, 즉 즙汁 때문에 부풀어 오르는 현상과 관련이 있는 말이다. 이런 자연의 즙은 따뜻하게 데워져서 활력을 낳고, 따뜻한 봄 날씨에 솟아오른다.

인간 안에서도 자연적 즙이 솟아오른다. 인간에게 특정한 자극이 주어지면 따뜻함, 열熱, 다소간의 열정과 욕구 그리고 감정이 자연스럽게 솟아오른다. 그래서 우리는 이런 것을 경계하고 억제해야 한다. 이런 자연적 감정들이 솟아오르는 사람은 기도할 수 없다. 즉, 이런 감정들을 버리지 않고 오히려 자꾸 키우면서 기도할 수는 없다.

우리는 이런 감정들 없이 기도해야 한다. 다시 말해서 '분노 없이' 기도해야 한다. 더욱 높고 더욱 훌륭하고 더욱 고상한 감동을 통해 기도가 강해져야 한다. 분노는 기도를 억압하고 방해하고 억누른다. '분노 없이'라는 말은 "분노를 이용하지 말고", "분노와 짝하지 말고", "분노를 떠나서", "분노를 멀리하며"라는 뜻이다. 새로워지지 못한 자연적 마음은 기도할 수 없다. 이런 마음의 열熱과 그것의 모든 자연적 즙은 기도에 독毒을 뿌리고 기도를 죽인다.

기도의 본질은 본성보다 깊다. 본성으로 기도할 수는 없다. 아무리 친절하고 훌륭한 본성을 가지고 있다 할지라도 그것으로 기도가 되는 것이 아니다.

역경 중에도 기도하라

기도는 인격의 척도이다. 주어진 상황 속에서 얼마나 성실한지를 보여주는 것이 바로 기도이다. 우리와 관계된 모든 것을 얼마나 진실한 태도로 대하느냐를 보여주는 것도 바로 기도이다. 이런 성실성과 진실성은 기도응답으로 주어진다. 어떤 상황들이 우리로 하여금 기도하게 만들 수도 있다. 이런 상황들은 기도를 싹트게 하고 온전케 하는 토양이다. 기도를 하지 않으면 안 될 상황들이 있다. 이런 상황들에서 기도하지 않는다면 그것은 무정無情한 것이고 부적절한 것이다. 인생의 큰 폭풍이 불어 닥친다면 그것은 기도하기 위한 절호의 기회이다. 우리에게 힘도 구원도 위로도 없을 때, 하나님께서는 우리를 돕고 위로해주기를 간절히 원하신다.

아내가 남편을 잃는다면 그것은 큰 슬픔이다. 이런 슬픔은 경건한 여자들에게도 찾아올 수 있다. 우리는 이런 사람들을 특별히 더 공경해야 하는데, 그 까닭은 그들의 슬픔이 아주 깊기 때문이다. 그들의 경건은 향기롭다. 그들은 마음의 상처 때문에 경건생활에 더욱 몰두할 수 있다. 바울은 미망인들에 대해 이렇게 말한다.

> 참 과부로서 외로운 자는 하나님께 소망을 두어 주야로 항상 간구와 기도를 하거니와 일락을 좋아하는 이는 살았으나 죽었느니라 딤전 5:5,6

여기에서 두 부류의 여자들이 드러난다. 한 부류는 주야로 간구와 기도에 시간을 투자하고, 또 한 부류는 죄악의 즐거움에 빠져 영적으로 죽어 있다. 바울은 믿음이 견고한 과부가 기도에 힘쓴다고 말한다. 과부의 믿음과 외로운 처지는 참된 기도를 낳을 수 있는데, 이런 기도는 매우 강력한 힘을 발휘한다. 이런 사람의 기도는 밤낮으로 쉬지 않고 하나님께 상달된다. 외로운 과부가 지칠 줄 모르고 늘 기도에 힘쓴다면 하나님께서 도움을 베푸실 것이다.

우리는 "기도에 항상 힘쓰며"(롬 12:12)라는 바울의 교훈을 주목하여 연구해야 한다. 이것이 영문英文 개정 표준역 성경RSV에서는 "꾸준히 기도하라"로 번역되어 있다. 바울이 말하는 기도는 이런 기도이다. '기도에 항상 힘쓰다' 또는 '꾸준히 기도하다'라는 말에는 "기도의 자리를 떠나지 말라", "머뭇거리지 말고 한결같은 모습으로 성실하게 기도하라", "기도에 매달려라", "온 힘을 쏟아 끝까지 기도하라"라는 뜻이 담겨 있다.

기도는 가장 매력적인 일이다

기도는 노동이다. 평생 열정을 가지고 부지런히 힘써 해야 할 노동이다. 그리스도인이 가장 중요하게 여겨야 할 것은 기도이다. 기도는 그리스도인이 할 수 있는 일 중에서 가장 매력적이고 거룩하고 큰 열매를 맺는 일이다. 기도가 지극히 귀하고 중요한 일이기 때문에 우리는 쉬지 않고 기도해야 한다. 쉬지 않고 기도한다는 것은 기도에 게을러지거나 기도를 포기하지 않고, 중단 없이 열심히 한다는 뜻이다. 모든 일은 기도로써 해결되어야 한다. 우리는 어느 곳에서나 어떤 경우에나 기도해야 한다. 언제 어디서나 기도가 모든 것에 영향을 미쳐야 한다.

에베소서 3장에 나오는 주목할 만한 기도에서 바울은 깊은 신앙적 체험이 더욱 확산되도록 기도한다. 그는 예수 그리스도의 이름으로 하나님 앞에 무릎을 꿇고 기도하는데, 이 기도에서 바울은 에베소 성도들이 그리스도의 사랑을 충만하게 체험하여 성숙한 신자들이 되도록 기도한다. "하나님의 모든 충만하신 것으로 충만한 것"(엡 3:19)은 지극히 영광스럽고 중요한 체험이다. 그래서 이런 이야기를 듣는 현대의 성도들은 머리가 어지러워 감히 그 거룩한 높이를 올려다보지 못하고 또 감히 그 무한한 깊이를 내려다보지 못한다. 바로 이때 바울은 우리에게 "우리의 온갖 구하는 것이나 생각하는 것에 더 넘치도록 능히 하실 이"(엡 3:20)를 의지하라고 가르친다. 그는 하나님께서 어떻게 기도에 응답하시는지 알았다. 에베소서 3장에 기록된 바울의 기도는 기도에 대한 좋은 실례實例이다.

살든지 죽든지

빌립보 교인들에게 보내는 편지에서 바울은 하나의 사건을 자세히 이야기하면서 기도가 얼마나 큰 변화의 힘을 발휘할 수 있는지에 대해 이렇게 말했다.

> 어떤 이들은 투기와 분쟁으로, 어떤 이들은 착한 뜻으로 그리스도를 전파하나니 이들은 내가 복음을 변명하기 위하여 세우심을 받은 줄 알고 사랑으로 하나 저들은 나의 매임에 괴로움을 더하게 할 줄로 생각하여 순전치 못하게 다툼으로 그리스도를 전파하느니라 그러면 무엇이뇨 외모로 하나 참으로 하나 무슨 방도로 하든지 전파되는 것은 그리스도니 이로써 내가 기뻐하고 또한 기뻐하리라 이것이 너희 간구와 예수 그리스도의 성령의 도우심으로 내 구원에 이르게 할 줄 아는 고로 나의 간절한 기대와 소망을 따라 아무 일에든지 부끄럽지 아니하고 오직 전과 같이 이제도 온전히 담대하여 살든지 죽든지 내 몸에서 그리스도가 존귀하게 되게 하려 하나니 빌 1:15-20

빌립보 교인들의 기도에 응답이 주어질 때 비로소 바울은 담대함을 얻을 수 있었다. 그가 살든지 죽든지 그에 의해, 그를 통해 그리스도께서 존귀하게 되셔야 했다.

고린도와 에베소와 빌립보에 보낸 바울의 편지에서 인용한 이 모든 구절을 영문 개정 표준역 성경RSV으로 읽을 때, 우리는 가장 강력한 형태로 표현된 기도와 간구를 접하게 된다. 바울은 성도들에게 개인적으로 혼신의 힘을 바쳐 끈질기고 강력하게 기도하라고 요청했다. 가장 강력한 기도응답을 얻기 위해 그들은 특별한 힘과 관심과 시간과 마음을 바쳐 기도에 힘써야 했다.

기도의 희생제물

골로새 교인들에게 준 기도에 대한 일반적인 교훈이 특수화되고 구체화되어 결국 다음과 같이 개인적 호소에까지 이르게 된다.

> 기도를 항상 힘쓰고 기도에 감사함으로 깨어 있으라 또한 우리를 위하여 기도하되 하나님이 전도할 문을 우리에게

열어 주사 그리스도의 비밀을 말하게 하시기를 구하라 내가 이것을 인하여 매임을 당하였노라 그리하면 내가 마땅히 할 말로써 이 비밀을 나타내리라 골 4:2-4

바울은 히브리서의 기자로 간주되기도 한다. 히브리서는 그리스도의 기도가 어떤 것이었는지 수신자들에게 말해준다. 그러면서 히브리서는 참된 기도의 요소가 무엇인지를 권위 있게 보여준다. 히브리서를 쓴 바울의 말에는 깊은 뜻이 담겨 있다! 그리고 그가 증거하는 그리스도의 기도는 우리의 마음을 움직이고 숭고한 기도의 모범을 보여준다. 역사상 그리스도처럼 기도한 사람은 없었다. 주님은 아버지께 기도하여 응답을 받는 법을 사람들에게 가르치기 위해 기도하셨다.

그는 육체에 계실 때에 자기를 죽음에서 능히 구원하실 이에게 심한 통곡과 눈물로 간구와 소원을 올렸고 그의 경외하심을 인하여 들으심을 얻었느니라 히 5:7

예수 그리스도의 기도는 그분 자신에게 강력한 능력을 불어

넣어주었다.

또한 예수님의 기도는 그분이 드린 희생이었다. 예수 그리스도는 인류의 죄를 위해 십자가에서 자기 자신을 희생제물로 드리기 전에 먼저 기도의 희생제물이 되셨다. 기도의 희생은 자기희생의 전조前兆와 서약이다. 우리는 십자가에서 죽기 전에 먼저 기도 골방에서 죽어야 한다.

Secrets of Prayer Answered 10

1 기도를 첫째로 여겨라.

※   바울은 우리가 이 땅에서 할 수 있는 모든 행동 중에서 가장 중요한 것이 기도라고 가르친다. 따라서 우리는 기도를 영적으로 가치 있는 다른 어떤 것보다 우선시해야 한다. 기도에게 최고의 자리를 내어주기 위해 다른 모든 것을 포기하고 억제해야 한다. 하나님과 기도에게 최고의 자리를 드리면 승리는 보장된다.

2 감정의 요동함 없이 꾸준히 기도하라.

※   인간에게 특정한 자극이 주어지면 여러 가지 감정이 자연스럽게 솟아오른다. 우리는 이런 감정들 없이 기도해야 한다. 다시 말해서 분노를 멀리하고 기도해야 한다. 기도의 본질은 본성보다 깊다. 아무리 친절하고 훌륭한 본성을 가지고 있다 할지라도 그것으로 기도가 되는 것이 아니다. 우리는 기도의 자리를 떠나지 말고 한결같은 모습으로 성실하게 기도해야 한다.

3 우리는 십자가에서 죽기 전에 먼저 기도 골방에서 죽어야 한다.

※   예수님의 기도는 그분이 드린 희생이었다. 예수 그리스도는 인류의 죄를 위해 십자가에서 자기 자신을 희생제물로 드리기 전에 먼저 기도의 희생제물이 되셨다. 기도의 희생은 자기희생의 전조(前兆)와 서약이다. 우리는 십자가에서 죽기 전에 먼저 기도 골방에서 죽어야 한다.

> 아버지여 만일 아버지의 뜻이어든 이 잔을 내게서 옮기시옵소서
> 그러나 내 원대로 마옵시고 아버지의 원대로 되기를 원하나이다
> **누가복음 22장 42절**

에드워드 쉴리토
Edward Shillito

어느 날 프랭크 크로슬리(Frank Crossley, 1839~1897. 독실한 개신교 신자로서 구세군 등에 막대한 기부금을 내었다)는 그의 친구 윌리엄 부스(William Booth, 1829~1912. 구세군 창설자)와 그의 부인에게 기차역에서 작별 인사를 했다. 기차가 출발하기 전에 크로슬리는 그들에게 편지 한 통을 건넸다. 그 편지에는 그가 구세군을 위해 치르겠다고 결심한 희생들이 구체적으로 적혀 있었다. 그는 집으로 돌아와 혼자 기도했다. 기도 중에 체험한 것에 대해 그는 훗날 이렇게 말했다. "내가 기도할 때 말로 설명하기 힘든 기쁨의 물결이 나를 덮었다. 그 기쁨은 머리나 마음에서 생기는 것이 아니었다. 신비로운 손이 내 가슴을 움켜쥔 것 같았으며, 나는 전에 맛보지 못한 황홀경에 들어섰다. 그것은 바로 주님으로부터 오는 기쁨이었다." 그는 이토록 하나님께 가까이 갔던 것이다. 이런 기쁨을 느꼈을 때 그는 스스로에게 "부스 부부가 기차에서 내 편지를 읽었을 것이다. 그들의 기도에 응답하여 하나님께서 내게 이런 체험을 허락하신 것 같다"라고 말했다. 나중에 그가 들은 바에 따르면, 부스 부부는 맨체스터를 출발하자마자 기차에서 그를 위해 기도했다는 것이다!

나의 무능함을 뼛속 깊숙이 인정하며 기도할 때 하나님께서 쓰신다

chapter 11

기도하려면 많은 대가를 치러야 한다

바울의 기도를 연구해보라. 좀 더 구체적으로 말해서, 그의 기도 자체와 기도에 대한 그의 명령을 연구해보라. 그러면 그것이 폭넓고 종합적이고 섬세하고 다각적인 영역을 다룬다는 사실을 알게 될 것이다.

웨슬리, 데이빗 브레이너드David Brainerd, 루터 같은 유명한 영적 지도자들은 많은 시간을 기도에 투자했다. 그들은 기도를 통해 모든 것을 하나님께 맡겼다. 즉, 세상의 일, 신앙의 일, 자연적인 일, 영적인 일 모두를 하나님께 맡겼다. 기도를 통해 그들은 하나님 아버지의 예비하심과 뜻에 따라 삶을 꾸려나

갔다. 그러나 그들은 미신이나 광신에 빠지지 않았다. 이런 그들의 삶은 사도 바울의 모범과 권위를 따른 것이었다.

바울처럼 기도로써 하나님을 찾으라. 바울처럼 하나님과 교제하라. 바울처럼 예수님께 간구하라. 바울처럼 기도로써 성령님을 찾으라. 바울처럼 쉬지 말고 기도하라. 이렇게 하면 성도가 되고, 사도가 되고, 하나님을 위해 일하는 지도자가 될 것이다. 이렇게 하면 하나님과 함께, 하나님을 위해 일하고 헌신하고 풍성해지고 능력을 베푸는 삶을 살게 될 것이다.

진실한 기도는 언제나 우리를 행동하게 만들고 헌신하게 만든다. 이런 기도를 드리는 사람은 바울이 체험했던 열매와 은사를 맛보게 된다. 하지만 바울처럼 기도하려면 많은 대가를 치러야 한다. 우리가 치러야 할 대가는 자아와 육신과 세상에 대해 죽는 것이다. 그러나 이런 대가를 치르고라도 바울처럼 기도하면 풍성한 유익을 얻을 수 있다. 아무 대가도 치르지 않는 기도는 아무것도 얻을 수 없다. 이런 기도는 기껏해야 구차한 발버둥에 불과하다.

바울의 사역 출발지는 기도학교였다

바울이 기도를 귀하게 여긴 것은 그가 열심히 기도했다는 사실에서 드러난다. 바울이 교회 안에서 존경을 받았지만, 그것은 그가 탐닉하고 호사豪奢를 부릴 수 있는 명예나 높은 지위가 결코 아니었다. 그는 관료주의에 안주하지 않았다. 그렇다고 해서 그가 너무나 힘들고 고된 일을 억지로 감당하는 식으로 일했던 것도 아니다. 다만 바울은 응답 받는 기도를 통해 일했을 뿐이다.

바울이 그리스도를 위한 긴 여정의 첫발을 내디딘 곳은 '기도하기 위해 애쓰는 기도학교'였다. 아나니아는 바울을 찾아가기를 꺼렸는데, 다음의 하나님 말씀이 그의 마음을 돌려놓았다.

> 저가[바울이] 기도하는 중이다 행 9:11

바울은 삼 일 동안 앞을 보지 못한 채 먹지도 마시지도 못했다. 하지만 기도의 훈련을 잘 이겨냈다.

그는 기도하고 금식함으로써 1차 선교여행을 출발했다. 바울과 바나바는 교회를 세울 때마다 기도와 금식을 통해 세웠다. 빌립보에서 사역을 시작할 때 그는 '기도처'(행 16:13)를 찾았다. 바울이 점하는 귀신 들린 여종에게서 하나님의 도우심으로 귀신을 쫓아낼 수 있었던 것은 그가 기도하는 곳에 갈 때였다.

> 우리가 기도하는 곳에 가다가 점하는 귀신 들린 여종 하나를 만나니 점으로 그 주인들을 크게 이(利)하게 하는 자라
> 행 16:16

바울과 실라가 한밤중에 감옥에서 기도하고 하나님을 찬양할 때 하나님께서 그들을 감옥에서 건져내셨다.

> 밤중쯤 되어 바울과 실라가 기도하고 하나님을 찬미하매 죄수들이 듣더라 이에 홀연히 큰 지진이 나서 옥터가 움직이고 문이 곧 다 열리며 모든 사람의 매인 것이 다 벗어진지라 행 16:25,26

바울에게는 기도가 습관이고 일이고 삶이었다. 그는 말 그대로 기도에 혼신의 힘을 다 바쳤다. 그에게 기도는 겉치레, 허식虛飾 또는 품위 유지의 수단이 아니었다. 기도는 그의 경건생활에 내용과 본질과 정수精髓를 공급해주었다.

그의 회심回心은 하나님의 은혜와 능력이 만들어낸 기적이었다. 그가 받은 사도로서의 사명은 하나님께서 허락하신 온전한 사명이었다. 그는 기도응답이 그의 사명을 성공적으로 수행하기 위한 필수 조건임을 알았다.

비록 극적인 회심을 경험했지만, 바울은 자신이 받은 사도의 사명 위에 하나님께서 권위의 도장을 찍으셨다는 사실을 알았다. 그는 기도를 통해 자신의 사명을 이루고 사역을 완수하며 인생의 길을 달려갔다. 바울이 순교자의 원칙에 따라 순교자의 영광 가운데 죽을 수 있었던 것도 기도 때문이다.

기도에 힘씀

바울의 영성靈性의 두드러진 특징은 기도에 힘썼다는 것이다. 그는 기도가 중요하고 엄숙한 의무라는 것을 깊이 확신했다. 그에게 기도는 왕이신 하나님께서 주신 특권이었다.

기도는 경건의 척도이고, 믿음을 강화시킨다. 하나님께서는 그리스도인들이 기도하기를 원하신다. 그래서 하나님은 그들이 기도응답을 통해 삶에서 승리하도록 하셨다.

바울은 하나님을 아는 사람들은 당연히 기도해야 한다고 여겼다. 또한 그는 기도하지 않는 사람들은 하나님을 위해 사는 것이 아니라고 생각했다. 바울은 기도를 아주 소중히 여겼고, 그것의 온전한 가치를 알았다. 그는 하나님을 사랑했기에 기도를 습관화했다. 주님을 향한 그의 사랑은 항상 규칙적인 기도의 형태로 표현되었다. 하나님이 오직 기도를 통해 은혜를 베푸신다는 사실을 잘 알았던 바울은 자기에게 기도가 필요하다는 것을 절실히 느꼈다. 기도가 점점 더 넘칠 때 은혜도 점점 더 넘친다.

바울은 기도가 습관화된 사람이었지만, 그렇다고 해서 그가 오직 습관의 힘에 의해 기도했던 것은 아니다. 본래 인간은 습관의 동물이기 때문에 아무 생각 없이 판에 박힌 행동을 할 위험성에 노출되어 있다. 그러나 바울은 규칙적으로 기도했을 뿐만 아니라 마음에서 우러나와 기도했다. 그 증거가 로마서에서 발견되는데, 그는 로마의 성도들에게 "하나님이 나의 증인이 되시거니와 [내가] 항상 내 기도에 쉬지 않고 너희를 말하며"(롬 1:9)라고 썼다.

바울이 기도할 때 옥문이 열리고 지진이 일어났다. 바울과 실라처럼 기도한다면 우리는 어떤 일이라도 이룰 수 있을 것이다. 세상 사람들은 바울이 설교하는 것은 막을 수 있었지만, 그가 기도하는 것은 막을 수 없었다. 복음은 그의 설교뿐만 아니라 그의 기도를 통해서도 전파되었다. 그가 감옥에 갇혀 있을 때에도 하나님의 말씀은 들판의 공기처럼 자유롭게 퍼져 나갔다. 그의 몸은 감옥 안에 있었지만, 그의 기도는 강물처럼 넘쳐흘렀다.

초대 그리스도인들은 힘들고 고통스러운 상황에 처했지만 그리스도로 말미암아 기쁨이 넘쳐서 즐겁게 찬송하고 기도했다. 그들은 기도를 통해 하나님과 온전히 교제했다. 그래서 하나님의 임재의 빛이 언제나 그들 가운데 충만했다. 기도했기 때문에 그들은 예수의 이름을 위하여 능욕 받는 일에 합당한 자로 여김을 기뻐할 수 있었다(행 5:41). 기도했기 때문에 그들은 여러 가지 시험을 만났을 때에 온전히 기쁘게 여길 수 있었다(약 1:2). 기도는 만물을 향기롭게 만들고 만물을 거룩하게 만든다. 찬양은 곡조가 붙은 기도이다.

겸손하고 간절한 기도

바울은 예루살렘을 향한 여행을 계속하기 전에 에베소에 들러 그곳의 장로들에게 교훈을 베풀었다. 그 다음에 일어난 일에 대해 성경은 이렇게 말한다.

> 이 말을 한 후 무릎을 꿇고 저희 모든 사람과 함께 기도하니 다 크게 울며 바울의 목을 안고 입을 맞추고 행 20:36,37

사도 바울은 무릎을 꿇고 기도했다! 그가 무릎을 꿇었다는 사실에 주목하라. 기도할 때 무릎을 꿇는 것이 그의 습관이었다. 이런 자세는 겸손하고 간절한 종의 자세이다. 전능하신 하나님께 기도응답을 받으려면 겸손한 마음으로 간절히 기도해야 한다. 이것은 인간이 하나님 앞에서 마땅히 취해야 할 자세요, 죄인이 구주 앞에서 마땅히 취해야 할 자세요, 은혜를 구하는 자가 그것을 베푸는 자 앞에서 마땅히 취해야 할 자세이다. 바울은 에베소의 장로들에게 경건한 살아 있는 교훈을 베풀고 그것에 기도의 도장을 찍은 것인데, 이렇게 함으로써 그의 교훈은 영속적 효과를 발휘하는 아름다운 교훈이 되었다.

경건의 비결

바울의 경건은 다메섹에서 기도로 씨름한 삼 일 동안의 고투의 기간을 통해서 태어났다. 그때 그는 하나님께서 주시는 추진력을 얻었으며, 이것은 그가 영원한 성城의 문에 이를 때까지 결코 약해지지 않았다. 이런 영성靈性의 역사와 신앙적 체험과 쉬지 않는 기도가 있었기 때문에 그는 최고의 영적 수준에 오르고 최대의 영적 열매를 맺을 수 있었다.

바울은 기도하는 분위기 속에서 지냈다. 그의 1차 선교여행을 출범시킨 것은 바로 기도였다. 금식기도에 대한 응답으로, 바울은 외국의 선교 현장에 가야 한다는 소명감을 느꼈고 안디옥교회도 감동을 받아 바울과 바나바를 파송할 수 있었다. 이것에 대해 성경은 이렇게 말한다.

> 안디옥교회에 선지자들과 교사들이 있으니 곧 바나바와 니게르라 하는 시므온과 구레네 사람 루기오와 분봉왕 헤

롯의 젖동생 마나엔과 및 사울이라 주를 섬겨 금식할 때에 성령이 가라사대 내가 불러 시키는 일을 위하여 바나바와 사울을 따로 세우라 하시니 이에 금식하며 기도하고 두 사람에게 안수하여 보내니라 행 13:1-3

여기서 우리는 선교사 파송을 위한 모델을 보게 된다. 이런 모델을 따르는 것이 성공적인 선교활동을 위한 전제 조건이다. 교회의 기도에 응답하신 성령께서 순종하는 교회로 하여금 거룩한 지도력을 발휘하도록 도우셨다. 그 결과, 이 하나님의 사람들, 곧 바울과 바나바는 엄청난 선교 열매를 거둘 수 있었다.

바울이 주도적으로 활동을 한 교회치고 기도하지 않는 교회는 없었다. 그는 기도하는 분위기 속에서 살고 수고하고 고난을 받았다. 그에게 기도는 경건의 심장과 생명이었고, 경건의 뼈와 살이었으며, 경건의 승리를 가능하게 하는 원동력과 암호였다. 그의 사역에 대해 그리고 교회 설립을 위한 기도의 중요한 역할에 대해 성경은 이렇게 말한다.

제자들의 마음을 굳게 하여 이 믿음에 거하라 권하고 또
우리가 하나님나라에 들어가려면 많은 환난을 겪어야 할
것이라 하고 각 교회에서 장로들을 택하여 금식기도하며
저희를 그 믿은 바 주께 부탁하고 행 14:22,23

  하나님께서 주신 환상에 순종하여 바울은 유럽으로 가서 빌립보에 이르렀다. 그곳에는 회당이 없었고 유대인도 거의 없었다. 하지만 소수의 경건한 여자들이 모여 기도하는 곳이 있었는데, 바울은 성령님의 인도를 받아 '기도처'(행 16:13)로 갔다. 그가 유럽에서 복음의 첫 열매를 맺은 곳이 바로 그 기도처였다. 바울은 그곳에서 기도 인도자였고, 주강사였다. 그곳에서 얻은 첫 회심자가 바로 '루디아'라는 여자였다. 그들은 루디아의 회심 사건 후에도 모임을 계속 가졌고, 그 모임을 기도회라고 불렀다.

  바울이 귀신 들린 여종에게서 점하는 귀신을 쫓아내는 기적을 행한 것은 부흥하고 있는 그 기도회에 가는 도중이었다. 탐욕스러운 사람들은 이 불쌍한 여종을 이용하여 돈벌이를 하고 있었다. 따라서 그 기적의 결과는 지방 관원들에 의해 채찍

질당하고 옥에 갇히는 것이었다. 그러나 하나님께서는 그 사건을 통해 간수와 그의 온 집안 식구들을 구원하셨다. 기도하는 사도에게 낙심이란 결코 없다.

죄로부터의 자유

이 사건을 다시 음미해보자. 바울이 한밤중에 감옥에 있었다. 그는 어둡고 끔찍한 깊은 감옥에 있었다. 그는 방금 심하게 매질을 당했고, 그의 옷은 피로 물들었으며, 몸의 상처에는 핏덩이들이 엉겨 붙어 있었다. 그의 발에는 차꼬가 채워져 있었고, 상처가 부어올라 열이 났으며, 상처를 건드리면 고통스러웠다.

하지만 이렇게 힘들고 괴로운 상황에서도 바울은 기도응답을 확신하면서 평소 습관에 따라 기도했다. 그는 동역자 실라와 함께 기쁨과 확신 가운데 한마음이 되어 기도했다.

> 밤중쯤 되어 바울과 실라가 기도하고 하나님을 찬미하매 죄수들이 듣더라 이에 홀연히 큰 지진이 나서 옥터가 움직이고 문이 곧 다 열리며 모든 사람의 매인 것이 다 벗어

> 진지라 간수가 자다가 깨어 옥문들이 열린 것을 보고 죄수들이 도망한 줄 생각하고 검을 빼어 자결하려 하거늘 바울이 크게 소리 질러 가로되 네 몸을 상하지 말라 우리가 다 여기 있노라 하니 행 16:25-28

이렇게 아름다운 기도가 또 있을까? 이렇게 생산적인 기도가 또 있을까? 바울은 기도에 능한 사람이었다. 낙심과 절망에 빠지기 쉬운 상황에서도 그는 기쁨 가운데 기도할 정도로 기도에 빠진 사람이었다.

기도는 바울을 지켜주는 아주 든든한 무기였다! 얼마나 아름다운 일인가! 그의 기도를 하늘로 날라주는 음악에 귀를 기울이기 위해 천사들조차 자신들의 지극히 아름다운 곡조를 잠시 쉬었을 것이다! 그런데 그의 강력한 기도가 만들어놓은 길을 따라 지진이 하늘로부터 내려왔다.

바울은 쇠사슬과 차꼬가 벗겨졌지만 도망가지 않았다. 하나님께서는 단지 탈옥하라고 그에게 기도응답을 주신 것이 아니었다. 하나님의 응답은 더 높은 차원의 것을 목표로 삼았다. 바울의 기도와 지진의 경고를 통해 그 감옥에 구원이 이르렀다. 바울의 신체적 자유가 상징하는 것보다 더 큰 자유, 즉 죄로부터의 자유가 감옥에 임했다. 하나님께서 옥문을 열고 차꼬를 벗겨주신 것은 바울에게 신체적 자유를 주기 위한 것만은 아니었다. 그것은 간수에게 영혼의 자유를 주기 위한 것이었다!

하나님께서 우리에게 문門을 열어주시는 경우가 종종 있는데, 이럴 경우에 하나님께서는 '문으로 나가는 우리의 능력'을 시험하시는 것이 아니라 '문으로 나가지 않고 머무는 우리의 능력'을 시험하신다. 바울의 경우에도, 하나님은 '문으로 나가지 않고 머무는 그의 능력'을 시험하셨다.

Secrets of Prayer Answered 11

1 기도의 대가를 지불하라.

바울처럼 기도하려면 많은 대가를 치러야 한다. 우리가 치러야 할 대가는 자아와 육신과 세상에 대해 죽는 것이다. 그러나 이런 대가를 치르고라도 바울처럼 기도하면 풍성한 유익을 얻을 수 있다. 아무 대가도 치르지 않는 기도는 아무것도 얻을 수 없다.

2 기도하는 자세는 기도자의 마음가짐을 나타낸다.

사도 바울은 무릎을 꿇고 기도했다! 기도할 때 무릎을 꿇는 것은 그의 습관이었다. 이런 자세는 겸손하고 간절한 종의 자세이다. 전능하신 하나님께 기도응답을 받으려면 겸손한 마음으로 간절히 기도해야 한다. 이것은 인간이 하나님 앞에서 마땅히 취해야 할 자세요, 죄인이 구주 앞에서 마땅히 취해야 할 자세요, 은혜를 구하는 자가 그것을 베푸는 자 앞에서 마땅히 취해야 할 자세이다.

3 하나님께서는 우리의 기도를 통해 구원의 역사를 펼치신다.

감옥에 갇힌 바울은 쇠사슬과 차꼬가 벗겨졌지만 도망가지 않았다. 하나님께서는 단지 탈옥하라고 그에게 기도응답을 주신 것이 아니었다. 하나님의 응답은 더 높은 차원의 것을 목표로 삼았다. 바울의 기도와 지진의 경고를 통해 감옥에 구원이 이르렀다. 바울의 신체적 자유가 상징하는 것보다 더 큰 자유, 즉 죄로부터의 자유가 감옥에 임했다.

믿음의 기도는 병든 자를 구원하리니 주께서 저를 일으키시리라
혹시 죄를 범하였을지라도 사하심을 얻으리라

야고보서 5장 15절

조 웻
J. H. Jowett

윌리엄 로(William Law, 1686~1761, 영국의 신앙서적 저술가)는 "하나님께 간구하기 시작할 때 그분의 속성들을 표현하는 다양한 말을 사용하십시오. 그러면 그분의 신성神性의 광대하심과 능력을 깊이 느끼게 될 것입니다"라고 말했다. 나는 당신이 그의 말에 담긴 깊은 뜻을 깨닫기를 바란다. 그것은 우리가 하나님과 교제를 시작할 때 숭모崇慕와 찬양이라는 기본적인 요소로써 교제를 시작해야 한다는 것이다.

하나님을 부지런히 찾는 사람은 기도하지 않을 수 없다

chapter 12

바울에게 일어난 놀라운 사건

바울의 기도에 대한 응답으로 보이는 사건들이 성경에 두 번 나온다. 물론 성경에 바울이 기도했다는 명시적인 기록이 나오지는 않지만, 그가 평소에 기도한 습관과 그가 처한 상황을 고려할 때 그가 기도했던 것이 분명하다.

첫 번째 사건은 바울이 빌립보에서 배를 타고 드로아에 이르러 일주일간 머물렀던 경우이다. 안식 후 첫째 날, 제자들은 떡을 떼기 위해 모였고, 바울은 다음날 아침에 떠날 것이기 때문에 밤늦게까지 설교했다.

그가 설교할 때 유두고라는 청년이 창에 걸터앉아 깊이 졸다가 삼 층 누樓에서 떨어졌다. 모든 사람은 그가 죽었을 것이라고 생각했다. 그러나 바울은 그가 떨어진 곳으로 가서 그의 몸을 안고 "소란을 피우지 마십시오. 아직 목숨이 붙어 있습니다"라고 말했다. 바울은 그가 설교하던 다락으로 다시 올라가 날이 새기까지 제자들과 말씀을 나눴다. 모든 사람들이 그 청년이 살아난 것으로 위로를 받았다.

> 우리의 모인 윗다락에 등불을 많이 켰는데 유두고라 하는 청년이 창에 걸터 앉았다가 깊이 졸더니 바울이 강론하기를 더 오래 하매 졸음을 이기지 못하여 삼 층 누에서 떨어지거늘 일으켜 보니 죽었는지라 바울이 내려가서 그 위에 엎드려 그 몸을 안고 말하되 떠들지 말라 생명이 저에게 있다 하고 올라가 떡을 떼어 먹고 오랫동안 곧 날이 새기까지 이야기하고 떠나니라 사람들이 살아난 아이를 데리고 와서 위로를 적지 않게 받았더라 행 20:8-12

비록 성경에 명시적인 기록이 나오지는 않지만, 모든 것을 고려할 때 우리는 바울이 그 청년을 안고 기도했을 것이라고 결론을 내릴 수 있다. 하나님께서는 그 젊은이를 즉시 원상태로 회복시키심으로써 바울의 기도에 응답하셨다.

바닷가에서의 아름다운 기도

바울이 기도한 것으로 추정되는 두 번째 경우는 그가 죄수의 신분으로 로마행 배를 타고 가다가 폭풍을 만난 사건이다. 이 폭풍은 오랜 시간 동안 그가 탄 배를 위협했다. 배는 폭풍에 이리저리 떠밀려 다녔다. 배에 탄 사람들이 풍랑과 싸웠지만, 여러 날 동안 하늘에는 해와 별이 보이지 않았다. 살아날 가능성이 전혀 없어보였다.

이러는 중에 바울은 오랜 시간 모습을 드러내지 않았는데, 아마도 어딘가에서 기도했던 것으로 추측된다. 아무튼 그는 다시 모습을 드러내어 배에 탄 사람들 가운데 서서, 특히 배의 선원들을 향해 이렇게 말했다.

> 여러 사람이 오래 먹지 못하였으매 바울이 가운데 서서 말하되 여러분이여 내 말을 듣고 그레데에서 떠나지 아니하여 이 타격과 손상을 면하였더면 좋을 뻔 하였느니라

내가 너희를 권하노니 이제는 안심하라 너희 중 생명에는 아무 손상이 없겠고 오직 배뿐이리라 나의 속한 바 곧 나의 섬기는 하나님의 사자가 어젯밤에 내 곁에 서서 말하되 바울아 두려워 말라 네가 가이사 앞에 서야 하겠고 또 하나님께서 너와 함께 행선하는 자를 다 네게 주셨다 하였으니 그러므로 여러분이여 안심하라 나는 내게 말씀하신 그대로 되리라고 하나님을 믿노라 행 27:21-25

바울은 틀림없이 기도했고, 그의 기도에 응답하여 천사가 나타나 격려의 메시지를 전해주었다. 이것은 결코 무리한 해석이 아니다. 기도의 능력을 확신하고 기도의 습관이 몸에 밴 그가 무릎을 꿇는 것은 당연한 일이었다. 그토록 위급한 상황에 처한 그에게 기도하고 싶은 마음이 생기는 것은 당연한 일이었다. 특히 하나님의 응답을 확신하는 그로서는 말이다.

배가 난파된 후 그들은 멜리데라는 섬에 당도했다. 그 섬에서 바울은 다시 기도했다. 그는 중병에 걸린 사람을 위해 기도했다. 불을 피울 때 독사가 그의 손을 물었다. 이것을 본 토인들은 그가 죄를 지었기 때문에 그 보응으로 독사가 물었다고 생각했다. 그러나 오래 기다려도 그에게 아무 이상이 없자 토인들은 생각을 바꿔 그가 신神과 같은 존재라고 믿었다.

그가 멜리데 섬에 머물 때에 보블리오의 부친이 열병과 이질로 인하여 거의 죽게 되었다. 바울은 그에게 가서 안수했다. 바울이 하나님을 믿는 믿음으로 기도했을 때 병이 떠나고 그 사람이 치료되었다. 이것을 본 토인들은 다른 병자들을 바울에게 데려왔고, 하나님께서 그의 기도에 응답하여 그들을 고쳐주셨다.

이런 사건이 있기 오래 전에 바울은 에베소를 떠나 예루살렘을 향해 여행한 적이 있었다. 그때 바울은 중도에 두로에 들렀다. 그런데 에베소를 떠나기 전에 그는 그리스도인들과 함께 기도했다. 하지만 그가 자기의 기도를 믿은 것은 아니었다. 왜냐하면 그는 하나님을 인정하고 그분께 호소하고 그분을 찾아야 했기 때문이다. 바울은 최선을 다하며 살았지만 하나님께서 그의 선한 노력에 '자동적으로' 복을 주신다고 믿지는 않았다. 바울은 하나님을 찾았다. 하나님은 기계적으로 응답하시는 분이 아니다. 우리는 먼저 아버지의 뜻을 묻고 아버지께 울부짖어야 한다. 그럴 때 하나님께서 응답하신다.

에베소를 떠난 바울은 두로에 가서 며칠 쉬었다. 그곳에서 바울은 몇몇 제자들을 만났는데, 그들은 그에게 예루살렘으로 가지 말라고 만류했다. 성령의 감동을 받은 그들은 그에게 예루살렘으로 가면 안 된다고 말했다. 하지만 바울은 예루살렘으로 가려는 그의 본래의 계획을 포기하지 않았다. 성경을 읽어보자.

> 이 여러 날을 지난 후 우리가 떠나갈새 저희가 다 그 처자와 함께 성문 밖까지 전송하거늘 우리가 바닷가에서 무릎을 꿇어 기도하고 행 21:5

바닷가에서 기도하는 모습이 얼마나 아름다운가! 여기에 등장한 사랑과 경건의 모습이 얼마나 아름다운가! 남편들과 아내들, 심지어 아이들까지 온 가족이 함께 모여 하늘을 향해 기도드리는 모습이 마치 한 폭의 그림과 같다. 이런 경험을 통해 아이들은 얼마나 깊은 인상을 받았겠는가! 바울이 타고 떠날 배는 이미 도착해 있었지만, 그들의 사랑을 굳게 하고 아내들과 자녀들을 거룩하게 하며 이 세상에서 마지막이 될 그들의 이별을 축복해야 할 기도는 끝나지 않았다. 이 광경은 너무나 아름다운 것이었고, 바울의 마음과 생각에 큰 위로가 되었을 것이다. 여기에서 우리는 그가 따뜻한 사랑을 받고 있었다는 것을 알 수 있다.

기도로써 모든 것을 거룩하게 하는 바울의 경건의 습관이 밝히 드러난다.

> 우리가 바닷가에서 무릎을 꿇어 기도하고 행 21:5

사도 바울이 바닷가 모래 위에 무릎을 꿇고 남자들과 여자들과 아이들에게 하나님의 복이 임하도록 간구했다! 이것보다 더 장엄하고 이것보다 더 사랑스러운 광경이 어디 있을까?

주목할 만한 바울의 기도들

바울은 예루살렘에서 법정에 소환되어 사람들 앞에서 자신을 변호할 때, 그가 드렸던 두 가지 기도의 사례에 대해 말했다. 하나는 그가 예수 그리스도를 만나 땅에 엎드러지고 자신의 죄를 깨달은 사건 후에 다메섹의 유다의 집에서 드린 기도였다. 그가 다메섹에 삼 일 동안 머물 때 아나니아가 찾아와 그에게 안수했다. 성경의 기록에 의하면, 아나니아는 바울에게 다음과 같이 말했다.

> 이제는 왜 주저하느뇨 일어나 주의 이름을 불러 세례를 받고 너의 죄를 씻으라 행 22:16

아나니아가 사울을 찾아가기를 두려워할 때, 주께서 그에게 주신 말씀이 "저가[바울이] 기도하는 중이다"(행 9:11)이다. 여기서 우리는 바울이 기도했고 그 후에 아나니아가 와서 그의 기도에 힘을 북돋아 주었다는 사실을 알 수 있다. 기도가 죄 사함보다 앞섰다. 기도는 하나님을 찾는 사람들이 그분을 만날 수 있도록 돕는다. 성실하게 열심히 하나님을 찾는 사람들은 기도하지 않을 수 없다. 하나님께서 간절한 기도에 응답하실 때, 비로소 우리는 죄 사함을 받고 그분께 받아들여진다. 하나님을 찾는 사람 속에 있는 진실함의 증거는 "저가 기도하는 중이다"라는 말을 들을 수 있는가 하는 점이다.

바울이 여러 사람들 앞에서 자신을 변호하면서 언급한 두 번째 기도의 사례를 볼 때, 우리는 기도가 그의 모든 신앙생활을 결정지었다는 것을 알 수 있다. 그는 기도에 깊이 몰입해 있을 때 주님으로부터 환상과 지시를 받았고, 이 환상과 지시에 따라 수고하며 사역했다.

이 두 번째 사례에서도 우리는 바울이 기도 중에 주님과 깊은 교제를 나누면서 대화한 것을 알 수 있다. 성경의 기록을 살펴보자.

> 후에 내가 예루살렘으로 돌아와서 성전에서 기도할 때에 비몽사몽간에 보매 주께서 내게 말씀하시되 속히 예루살렘에서 나가라 저희는 네가 내게 대하여 증거하는 말을 듣지 아니하리라 하시거늘 내가 말하기를 주여 내가 주 믿는 사람들을 가두고 또 각 회당에서 때리고 또 주의 증인 스데반의 피를 흘릴 적에 내가 곁에 서서 찬송하고 그 죽이는 사람들의 옷을 지킨 줄 저희도 아나이다 나더러 또 이르시되 떠나가라 내가 너를 멀리 이방인에게로 보내리라 하셨느니라 행 22:17-21

기도는 언제나 하나님께서 우리에게 원하시는 일들에 대해 하늘로부터의 지시를 보여준다. 기도를 많이 할수록 우리는 우리의 사역에서 실수를 덜 하게 된다. 하나님은 기도에 응답하면서 그분의 뜻을 우리에게 알려주신다. 더 많이 기도하고 더 잘 기도하고 더 아름답게 기도할수록 우리는 더 분명하고 더욱 기쁨에 찬 환상을 보게 될 것이며, 더욱 가깝고 자유롭고 담대하게 하나님과 동행하게 될 것이다.

기도의 모범을 보인 바울

바울의 기도를 항목별로 나누는 것은 쉽지 않다. 다시 말해서 그의 기도를 분류하는 것은 어렵다. 그의 기도는 종합적이면서도 구체적이기 때문에 분류가 쉽지 않다. 그의 교훈 중에는 기도에 관한 교훈이 많다. 특히 그는 교회에게 기도의 의무와 필요성에 대해 힘주어 말했다. 그는 자기가 가르친 것을 실천했다. 그는 자기가 당대의 사람들에게 가르친 기도의 교훈에 따라 스스로 기도의 훈련을 쌓았다.

로마에 있는 교회에게 보낸 편지에서 그는 자신의 기도 습관에 대해 분명히, 구체적으로, 단호하게 언급한다. 그는 로마의 성도들에게 이렇게 썼다.

> 내가 그의 아들의 복음 안에서 내 심령으로 섬기는 하나님이 나의 증인이 되시거니와 항상 내 기도에 쉬지 않고 너희를 말하며 롬 1:9

바울은 자신을 위해 기도하고 끝낸 사람이 아니었다. 다른 사람들을 위해 기도하고 하나님의 응답을 구하는 습관이 그에게 있었다. 그는 무엇보다 중보기도의 사람이었다. 중보기도를 하라고 사람들을 가르쳤던 그가 또한 다른 사람들을 위해 중보기도를 했던 것이다.

바울은 로마의 성도들에게 보내는 유명한 서신을 기도를 드리듯이 시작한다. 그리고 그 서신을 "형제들아 내가 우리 주 예수 그리스도로 말미암고 성령의 사랑으로 말미암아 너희를 권하노니 너희 기도에 나와 힘을 같이하여 나를 위하여 하나님께 빌어"(롬 15:30)라는 엄숙한 말씀으로 끝맺는다.

하지만 이것이 전부는 아니다. 이 편지의 중간에서도 그는 "기도에 항상 힘쓰며"(롬 12:12)라고 명령한다. 이것은 "항상 정신 차리고 기도하라", "기도를 일과日課로 삼아라", "기도에 온 힘을 쏟아라"라는 말이다. 그는 자신이 실천하면서 명령했다. 그는 다른 사람들에게 기도를 가르치고 강조한 것으로 끝난 것이 아니라, 그 자신이 탁월한 기도의 모범을 보였다.

밤낮으로 기도함

바울이 데살로니가교회에게 보낸 편지들에 담긴 그의 기도는 정말 스케일이 크고 탁월하다! 그는 그 교회에 보낸 첫 번째 편지에 이렇게 썼다.

> 우리가 너희 무리를 인하여 항상 하나님께 감사하고 기도할 때에 너희를 말함은 너희의 믿음의 역사와 사랑의 수고와 우리 주 예수 그리스도에 대한 소망의 인내를 우리 하나님 아버지 앞에서 쉬지 않고 기억함이니 살전 1:2,3

바울의 글을 모두 인용하려는 것은 아니지만 참된 성도들이 모인 데살로니가교회에게 쓴 그의 말은 읽을 만한 가치가 있다.

주야로 심히 간구함은 너희 얼굴을 보고 너희 믿음의 부족함을 온전케 하려 함이라 하나님 우리 아버지와 우리 주 예수는 우리 길을 너희에게로 직행하게 하옵시며 또 주께서 우리가 너희를 사랑함과 같이 너희도 피차간과 모든 사람에 대한 사랑이 더욱 많아 넘치게 하사 너희 마음을 굳게 하시고 우리 주 예수께서 그의 모든 성도와 함께 강림하실 때에 하나님 우리 아버지 앞에서 거룩함에 흠이 없게 하시기를 원하노라 살전 3:10-13

데살로니가의 성도들을 위한 이런 기도는 동일한 편지의 끝부분에 나오는 그들을 위한 또 다른 기도와 정확히 조화를 이루는데, 이 주목할 만한 기도에서 바울은 그들의 거룩함을 위해 기도했다.

평강의 하나님이 친히 너희로 온전히 거룩하게 하시고 또 너희 온 영과 혼과 몸이 우리 주 예수 그리스도 강림하실 때에 흠 없게 보전되기를 원하노라 살전 5:23

바울이 초대교회 성도들을 위해 이렇게 기도했다는 것에 주목하라. 그는 그들을 항상 마음과 생각 속에 두고 그들을 위해 밤낮으로 온 맘을 다해 간구했다. 그가 초대교회 성도들을 위해 기도한 것처럼 이 시대의 설교자들이 그들의 교인들을 위해 기도한다면 얼마나 좋겠는가! 겉으로만 경건하고 기도하지 않는 이 시대에 이런 설교자들이 많이 나온다면 얼마나 좋겠는가! 지금은 기도의 사람이 필요한 때이다. 또한 이 시대는 기도하는 설교자가 필요한 시대이다.

에베소서 3장에 나오는 탁월한 기도의 결론 부분에서 바울은 하나님이 "우리의 온갖 구하는 것이나 생각하는 것에 더 넘치도록 능히 하실 이"(엡 3:20)라고 선언한다. 하나님은 풍성하게 응답하시는 분이다. 하나님께서는 자신의 능력을 온전히 사용하여 교회에 풍성한 복을 주기를 원하셨는데, 바울은 아버지의 이런 뜻에 따라 기도하기를 간절히 원했다.

바울과 그의 친구들은 모든 성도들을 위해 기도했다. 바울은 자기가 한 번도 본 적이 없는 로마의 성도들을 위해 기도한다는 사실을 그들에게 분명히 상기시켰다.

> 하나님이 나의 증인이 되시거니와 항상 내 기도에 쉬지
> 않고 너희를 말하며 롬 1:9

그는 교회들에게 자기가 그들을 위해 항상 기도한다고 말했다(골 1:3).

우리는 바울이 여러 군데서 또렷하고 분명한 의미의 말을 반복하고 있는 것을 발견할 수 있다. 그는 "간구할 때마다 너희 무리를 위하여 기쁨으로 항상 간구함은"(빌 1:4)이라고 말했다. 또한 그는 "우리도 듣던 날부터 너희를 위하여 기도하기를 그치지 아니하고"(골 1:9)라고 썼다. 바울의 말을 더 들어 보자.

> 이러므로 우리도 항상 너희를 위하여 기도함은… 살후 1:11

> 너희를 인하여 감사하기를 마지아니하고 내가 기도할 때에 너희를 말하노라 엡 1:16

> 나의 밤낮 간구하는 가운데 쉬지 않고 너를 생각하여 딤후 1:3

"주야로 심히 간구한다"(살전 3:10)라는 바울의 고백은 이 기도의 사도가 혼신의 힘을 다 바쳐 기도했다는 것을 함축적으로 보여준다. 결론적으로 그것은 바울이 기도를 얼마나 가치 있게 평가하고 그의 사역에서 얼마나 중요하게 생각했는지를, 그리고 더 나아가 다른 어떤 것으로도 확보할 수 없는 복을 기도로 하나님께 구할 때 그것은 얼마나 수고하고 애써야 하는 일이었는지를 보여준다.

Secrets of Prayer Answered 12

1 하나님께 울부짖는 자는 반드시 응답을 체험한다.

바울은 최선을 다하며 살았지만 하나님께서 그의 선한 노력에 '자동적으로' 복을 주신다고 믿지는 않았다. 바울은 하나님을 찾았다. 하나님은 기계적으로 응답하시는 분이 아니다. 우리는 먼저 아버지의 뜻을 묻고 아버지께 울부짖어야 한다. 그럴 때 하나님께서 응답하신다.

2 하나님을 찾는 자는 기도하지 않을 수 없다.

아나니아가 사울을 찾아가기를 두려워할 때, 주님은 그에게 "저가[바울이] 기도하는 중이다"(행 9:11)라고 말씀하셨다. 기도는 하나님을 찾는 사람들이 그분을 만날 수 있도록 돕는다. 성실하게 열심히 하나님을 찾는 사람들은 기도하지 않을 수 없다. 하나님을 찾는 사람 속에 있는 진실함의 증거는 "저가 기도하는 중이다"라는 말을 들을 수 있는가 하는 점이다.

3 입으로만 기도하지 말고 행동으로 기도하라.

바울은 초대교회 성도들을 항상 마음과 생각 속에 두고 그들을 위해 밤낮으로 온 맘을 다해 간구했다. 그는 다른 사람들에게 기도를 가르치고 강조한 것으로 끝난 것이 아니라, 그 자신이 탁월한 기도의 모범을 보였다. 하나님께서는 자신의 능력을 온전히 사용하여 교회에 풍성한 복을 주기를 원하셨는데, 바울은 아버지의 이런 뜻에 따라 기도하기를 간절히 원했다.

행함이 없는 믿음은 그 자체가 죽은 것이라
야고보서 2장 17절

호머 핫지
Homer W. Hodge

나는 무엇보다도 기도하는 법을 배우기를 원한다. 우리는 그리스도인 전사戰士들을 위해 나팔 불기를 원한다. 우리에게는 왜 진정한 기도가 없는가? 이유가 무엇인가? 시간을 자신의 뜻대로 마음대로 사용할 수 있었던 그리스도께서 중보기도에 그토록 많은 시간을 쏟으셨다는 것을 알면서도 왜 우리는 기도하는 데 시간을 투자하지 않는가? 성경은 "그가[그리스도께서] 항상 살아서 저희를 위하여 간구하심이니라"(히 7:25)라고 증거한다. 우리가 기도에 게으른 것은 마음속에 원함은 있지만, 우리의 의지가 훈련되지 않았기 때문이다. 동기는 있지만, 감정이 오랜 시간에 걸친 거룩한 묵상을 통해 녹지 않았기 때문이다. 지성知性이 날카롭지만, 지칠 줄 모르고 몇 시간씩 연구할 만큼 날카롭지는 못하기 때문이다. 우리가 정욕을 십자가에 못 박고, 문을 걸어 잠근 은밀한 골방에서 지성과 감정을 하나님의 영광을 위한 성령의 봉인에 의해 결합시키지 못했기 때문이다.

그리스도인의 가장 치열한 영적 격전지는 기도 골방이다

chapter 13

기도의 능력을 뼛속 깊이 확신하라

바울은 그가 사역하는 대상자들에게 자기를 위해 기도해달라고 많이 부탁했다. 이것을 통해 우리는 그가 기도를 매우 중요하게 여겼다는 사실을 알 수 있다. 그가 기도를 중요하게 여긴 것은 도움이 어디로부터 오는지를 알았기 때문이다. 그 자신이 자주 기도했고, 다른 그리스도인들에게 기도의 중요성을 가르쳐주려고 힘썼다.

기도응답을 받는 것이 매우 중요하다는 것을 깊이 느꼈기 때문에 그는 개인기도를 하는 습관의 중요성을 깊이 확신했다. 기도의 능력을 충분히 인식한 그는 이토록 무한히 가치 있는 일에 매진하도록 다른 사람들을 설득했다. 그는 중보기도, 즉 다른 사람들을 위해 드리는 기도가 가장 값진 기도라고 믿었다. 그러므로 바울이 교회들에게 편지를 쓰면서 교인들에게 자기를 위해 기도해달라고 부탁한 것은 너무나 당연한 일이었다.

가장 큰 도움은 기도의 도움

바울의 편지 수신자들이었던 그리스도인들은 그리스도께 헌신했고, 하나님의 나라가 이 땅에서 확장되기를 소망했으며, 그리스도를 간절히 사모했다. 이것을 잘 알았던 바울은 그들에게 열심히 기도하라고 명했다. 그는 그들이 범사에 쉬지 않고 기도하기를 원했다.

특히 그는 그의 어려운 임무를 완수하고 혹독한 시련을 이겨내고 무거운 책무를 능히 감당하기 위해서는 그들의 기도 지원이 필요하다는 것을 잘 알았기 때문에 그들에게 자기를 위해 기도해달라고 부탁했다.

사도들 가운데 으뜸인 사람에게도 기도응답이 필요했던 것이다! 그에게는 기도의 지원이 필요했는데, 이것은 그가 다른 사람들에게 자기를 위해 기도해달라고 부탁한 사실에서도 확인된다. 그가 사도로 부름을 받았다고 해서 그에게 기도의 도움이 필요 없게 된 것은 아니었다. 그는 기도의 도움을 받아야 한다는 것을 깊이 인식하고 인정했다. 그는 모든 그리스도인들이 자기를 위해 기도해주기를 간절히 원했고 또 그런 기도를 귀하게 여겼다. 그는 자기를 위해 기도해달라고 부탁하는 것을 부끄럽게 여기지 않았다. 자기가 아는 모든 형제들에게 기도를 부탁하는 것을 부끄럽게 여기지 않았다.

히브리인들에게 보낸 편지에서 그는 기도를 부탁할 수 있는 두 가지 근거에 대해 언급했다. 첫째는 그의 정직성이고, 둘째는 그들을 방문하기를 원하는 그의 바람이었다. 만일 그가 정직하지 못하다면 그들에게 기도를 부탁할 수 없었을 것이다. 그들이 그를 위해 기도해준다면 그것은 그가 그들을 방문하는 데 아주 큰 힘이 될 것이었다. 그들은 은밀한 장소를 찾아 기도했고, 하나님께서는 그들의 기도에 응답하여 주변의 모든 환경을 움직이셔서 그들로 하여금 바울의 방문을 돕도록 하셨다.

바울은 매우 빈번하게 형제들에게 자기를 위한 기도 부탁을 했다. 만일 어떤 사람이 무언가를 자주 다급하게 부탁한다면 그것은 매우 중요한 것임에 틀림없다. 바울의 경우가 바로 그랬는데, 그를 위한 성도의 기도는 그가 가진 최고의 자원이었다. 바울이 "나를 위해 기도해달라"라고 자주 긴급하게 요청한 것을 볼 때, 우리는 그가 기도를 은혜의 방편으로 귀중히 여겼다는 사실을 알 수 있다. 그에게 가장 시급히 필요한 것은 바로 기도였다.

바울은 자신의 사역의 성패를 가를 가장 큰 변수로 기도를 꼽았다. 그가 볼 때, 가장 광범위하게 영향력을 미치는 강력한 힘은 바로 기도였다. 바울의 이런 확신은 그의 간절한 기도 부탁으로 나타났다. 그는 로마의 성도들에게 편지를 쓰면서 다음과 같이 간절하게 부탁했다.

> 형제들아 내가 우리 주 예수 그리스도로 말미암고 성령의 사랑으로 말미암아 너희를 권하노니 너희 기도에 나와 힘을 같이하여 나를 위하여 하나님께 빌어 롬 15:30

바울을 위한 다른 사람들의 기도가 가치를 지닐 수 있었던 것은 그들의 기도가 그에게 실제로 도움을 주었기 때문이다. 어려움에 처한 사람들에게 가장 큰 도움이 되는 것은 바로 기도이다. 왜냐하면 하나님께서는 기도를 통해 우리의 필요를 채우시고 우리를 어려움 속에서 건지시기 때문이다. 바울은 자기의 믿음에 시련이 닥친다고 고린도 교인들에게 말했다. 하지만 그는 하나님께서 특히 기도응답을 통해 언제나 그를 건지고 강하게 해주실 것이라고 확신했다. 그리고 위로를 받았다. 그는 "너희도 우리를 위하여 간구함으로 도우라"(고후 1:11)라고 말했다.

하나님께서는 사랑하는 자녀를 돕기 위해 다른 사람들의 기도를 통해 기이한 일을 베푸신다. 성도들이 서로를 가장 효과적으로 도울 수 있는 방법은 바로 기도이다.

거짓 형제들의 시기와 중상모략과 위협에 직면해서도 바울은 빌립보 교인들에게 이렇게 썼다.

> 이것이 너희 간구와 예수 그리스도의 성령의 도우심으로 내 구원에 이르게 할 줄 아는 고로 나의 간절한 기대와 소망을 따라 아무 일에든지 부끄럽지 아니하고 오직 전과

같이 이제도 온전히 담대하여 살든지 죽든지 내 몸에서
그리스도가 존귀하게 되게 하려 하나니 빌 1:19,20

빌립보 성도들이 바울을 위해 기도할 때, 하나님께서 응답하셔서서 그의 부끄러움을 없애주시고 거룩한 담대함을 허락하시어 그의 삶과 죽음을 영화롭게 만들어주셨다.

세계주의적인 기도

바울은 그의 사역 중에 많은 큰일을 이룬 사람이다. 그의 놀라운 회심 사건은 그의 생生에 획을 긋는 중대한 사건이었다. 그러나 이런 회심 사건으로 그의 사역에 자동적으로 열매가 맺힌 것은 아니었다.

그가 사도로 부름 받은 것은 분명하고 빛나고 확신을 주는 사건이었지만, 그는 그의 사역에서 최대의 열매를 이끌어내기 위해 기도해야 했다. 그는 이것을 누구보다도 더 잘 알았다. 사역의 행로를 더욱 눈에 띄게 하고 바울의 업적을 더욱 성공적으로 만들어준 것은 바로 기도였다.

바울은 로마의 그리스도인들에게 그가 불신자들의 악한 손에서 건짐 받을 수 있도록 기도해달라고 간절히 부탁했다. 악한 사람들의 비방을 이기고 그것에서 벗어날 수 있는 길은 바로 기도였다. 그는 불신자들을 상대로 선한 싸움을 싸우지 않으면 안 되었다. 하지만 그것이 전부는 아니었다. 심지어 바울은 그에 대해 편견을 가진 많은 그리스도인들도 상대해야 했다. 그들은 편견이 아주 심했기 때문에 그들이 그의 사도로서의 봉사를 받아들일지의 여부가 불투명할 정도였다. 이런 일이 특히 예루살렘에서 일어났다. 뿌리 깊은 편견이 폭발했을 때, 그것의 악한 힘에 맞설 수 있는 것은 기도, 즉 강력한 기도뿐이었다. 로마의 그리스도인들은 바울이 안전한 여행을 통해 뜻을 이루어 서로에게 복이 되고 힘이 되도록 하나님께 기도했다.

바울의 기도 부탁에는 다양한 것들이 포함되었다. 그의 기도 부탁은 지극히 포괄적이었다. 그는 로마 성도들에게 아주 많은 것을 위해 기도해달라고 간청했다. 그에게 이런 부탁을 받는 로마의 교회는 세계주의적世界主義的 성격이 강한 교회였는데, 그들의 기도 지원을 바라는 바울의 부탁도 역시 세계주의적 성격이 강했다.

사도 바울은 그들에게 "형제들아 내가 우리 주 예수 그리스도로 말미암고 성령의 사랑으로 말미암아 너희를 권하노니 너희 기도에 나와 힘을 같이하여 나를 위하여 하나님께 빌어"(롬 15:30)라고 간청했는데, 여기서 간청이라는 말 속에는 간절함과 진지함이 담겨 있다. 이런 기도는 바울을 방해하여 그의 사역을 좌절시킬 수도 있었던 악한 사람들에게서 그를 건지는 데 도움을 주었다. 바울은 모든 성도들이 가난한 성도들을 돕는 그의 봉사를 받아들이기를 원했고 또한 그는 로마의 교회를 방문할 기회를 얻기를 원했다.

바울의 기도 부탁은 진지하고 간절했다! 그의 호소는 부드럽고 사랑으로 가득했다! 주 예수 그리스도의 뜻을 이루기 위하여 가장 참된 기도가 드려지기를 원하는 그의 마음은 지극히 고상하고 감동적이다! 우리는 성령님을 향한 우리의 사랑 때문에 기도해야 한다. 우리를 향한 성령님의 사랑 때문에 기도해야 한다. 또한 우리는 그리스도인 형제들 사이의 유대紐帶 때문에 기도해야 한다.

바울은 성도들에게 자기처럼 고상한 동기를 가지고 기도하고 그와 함께 기도의 분투에 동참할 것을 촉구했다. 바울의 가장 치열한 영적 격전지激戰地는 바로 기도 골방이었고, 그의 모든 것은 기도에 달려 있었다. 그가 이토록 기도의 싸움에 혼신의 힘을 쏟아 부은 것은 바로 그리스도께서 그렇게 하셨기 때문이다.

오직 기도의 응답을 통해서만 얻을 수 있는 도움이 그에게 필요했다. 그래서 바울은 그의 형제들에게 자신을 위해, 자신과 함께 기도하자고 간청했던 것이다.

기도의 강력한 능력

기도는 우리를 대적하는 원수들을 모두 쓸어버릴 수 있다. 기도는 선한 사람들조차 버리지 못하고 있는 뿌리 깊은 편견을 쓸어버릴 수 있다. 기도가 있었기에 사도 바울은 예루살렘에 도착할 수 있었다. 기도가 있었기에 그는 사명을 성공적으로 완수할 수 있었다. 기도가 있었기에 하나님의 뜻이 이루어지고, 성도들이 유익을 얻었다. 이런 모든 놀라운 일들은 놀라운 기도응답이 있었기에 가능했다.

우리는 강력한 기도로 놀라운 결과를 얻을 수 있고, 온 세상에 그 영향력을 미칠 수 있다. 사도직使徒職을 계승한 사람들이 바울처럼 기도했다면, 모든 시대의 모든 그리스도인이 사도들처럼 기도를 귀하게 여겼다면, 하나님의 교회의 역사歷史는 진실로 거룩하고 놀라운 역사가 되었을 것이다! 교회는 유례없는 열매를 맺었을 것이다! 교회의 영광이 이미 오래 전에 세상을 밝게 하고 세상에 복을 주었을 것이다.

우리는 바울의 기도를 통해 그가 기도의 광범위한 능력을 철저히 확신했음을 알 수 있다. 그가 기도의 능력을 믿었던 것은 부적符籍과 같은 마술적인 힘이 기도에 있다고 믿었기 때문이 아니다. 기도를 주물呪物처럼 여겼기 때문도 아니다. 그것은 그가 기도를 통해 하나님의 마음을 움직여 응답을 받을 수 있다고 믿었기 때문이다.

기도 자체에 주술적呪術的 힘이 있는 것은 아니지만, 기도에는 모든 것을 이루는 힘이 있다. 왜냐하면 전능하신 하나님께서 기도를 듣고 응답하시기 때문이다.

바울이 깨닫거나 표현한 바에 따르면, 모든 기도에 선행되어야 할 전제 조건은 "너희 기도에 나와 힘을 같이하여 나를 위하여 하나님께 빌어"(롬 15:30)라는 그의 말 속에 담겨 있다. 바울은 영적 전쟁을 위해 하나님의 도우심을 필요로 했을 뿐만 아니라 기도의 싸움을 위한 지원군도 필요로 했다. 그는 전쟁의 최전선에서 원수들의 예봉銳鋒에 맞서면서 다른 사람들의 도움을 간청했다. 바울이 더욱 뜨겁게 기도하기 위해서는 다른 사람들의 기도 지원이 있어야 했다.

기도를 '맞붙어 싸우는 것'이라고 표현한다고 해서 놀라지 말라. 이런 표현이 결코 과장이 아니다. 왜냐하면 기도는 힘을 쏟아 부어야 하는 싸움이기 때문이다. 기도를 방해하려고 끈질기게 저항하는 원수들이 많다. 강력한 악의 세력은 기도 골방을 무너뜨리려고 몰려든다. 기도 골방 주변에는 원수들이 참호를 파고 공격 준비를 하고 있다.

바울은 열의 없는 연약한 기도를 드리지 않았다. 기도의 싸움에 관한 한 그는 어린아이의 일을 버렸다(고전 13:11). 평범한 것이나 무기력한 것은 용납될 수 없었다. 바울은 응답 받기 위해 강력한 기도를 드려야 했다. 그런 기도가 아니라면 기도할 필요가 없었다. 그는 지옥의 세력이 비틀거릴 정도로 기도의 강펀치를 날렸다. 그런 기도가 아니라면 사양했다. 가장 강력한 은혜와 지극히 철저한 노력이 요구되었다. 바울이 기도하기 위해서는 힘이 필요했다. 담대함이 많이 요구되었다. 기도하는 바울의 마음에 담대함이나 열의가 없었다면, 그는 기도로써 아무것도 이루지 못했을 것이다. 그는 원수들에 맞서 싸워 그들을 패퇴敗退시켜야 했다. 승리를 얻어야 했다. 기도응답을 받으려는 그리스도인은 바울처럼 뜨겁고 간절하게 기도해야 한다.

Secrets of Prayer Answered 13

1 성도들이 서로를 가장 효과적으로 도울 수 있는 방법은 바로 기도이다.

하나님께서는 사랑하는 자녀를 돕기 위해 다른 사람들의 기도를 통해 기이한 일을 베푸신다. 사도들 가운데 으뜸인 바울에게도 기도응답이 필요했다. 사도로 부름을 받았다고 해서 그에게 기도의 도움이 필요 없게 된 것은 아니었다. 그는 기도의 도움을 받아야 한다는 것을 깊이 인식하고 인정했다. 그래서 자기가 아는 모든 형제들에게 기도 부탁을 했고, 그것을 부끄럽게 여기지 않았다. 바울을 위한 성도들의 기도는 그가 가진 최고의 자원이었다.

2 그리스도인의 가장 치열한 영적 격전지(激戰地)는 기도 골방이다.

강하고 악한 세력은 성도들의 기도 골방을 무너뜨리려고 끈질기게 몰려든다. 그들은 기도 골방 주변에 참호를 파고 공격 준비를 하고 있다. 이에 바울은 영적 전쟁의 최전선에서 원수들의 예봉(銳鋒)에 맞서면서 자신과 함께 기도의 분투에 동참할 것을 성도들에게 촉구했다.

3 영적 싸움이 일어날 때 기도의 나팔을 가장 높이 불어라.

바울의 가장 치열한 영적 격전지(激戰地)는 기도 골방이었다. 기도의 싸움에 관한 한 그는 어린아이의 일을 버렸다(고전 13:11). 바울은 응답 받기 위해 강력한 기도를 드려야 했다. 그는 지옥의 세력이 비틀거릴 정도로 기도의 강편치를 날렸다. 큰 영적 싸움이 일어날 때 성도들은 기도의 나팔을 가장 높이 불어야 하며 바울처럼 뜨겁고 간절하게 호소해야 한다.

> 근신하라 깨어라 너희 대적 마귀가 우는 사자같이 두루 다니며 삼킬 자를 찾나니
> 너희는 믿음을 굳게 하여 저를 대적하라
> 베드로전서 5장 8,9절

호머 핫지
Homer W. Hodge

나는 다음과 같은 기도의 규칙을 선언하는 바이다. 그리스도인이 기도할 때에는 의지, 생각, 감정, 양심 그리고 지성知性이 모두 조화를 이루어 백열白熱처럼 뜨겁게 협력해야 한다. 뿐만 아니라 기도를 오래, 강력하게 하려면 기도자의 몸이 최고의 컨디션에서 협력해야 한다. 그렇게 될 때 하늘로부터 놀라운 초자연적인 응답이 임할 것이다.

하나님의 나라를 위해 기도하는 자는
생명의 면류관을 얻는다

chapter 14

기도의 무기를 충분히 활용하라

바울은 에베소교회의 그리스도인들에게 기도 부탁을 했다. 이것은 그들에게 보낸 그의 편지 에베소서 6장 후반부에 나온다.

> 모든 기도와 간구로 하되 무시로 성령 안에서 기도하고 이를 위하여 깨어 구하기를 항상 힘쓰며 여러 성도를 위하여 구하고 또 나를 위하여 구할 것은 내게 말씀을 주사 나로 입을 벌려 복음의 비밀을 담대히 알리게 하옵소서 할 것이니 이 일을 위하여 내가 쇠사슬에 매인 사신이 된

것은 나로 이 일에 당연히 할 말을 담대히 하게 하려 하심이니라 엡 6:18-20

바울은 에베소교회를 위해 밤낮으로 수고하고 기도했다. 항상 공격해오는 원수들에 맞서야 하는 그리스도인 병사가 어떠해야 하는지에 대해 생생하게 묘사하면서 그는 교회들에게 특히 자기를 위해 기도해달라고 부탁했다.

바울은 에베소의 그리스도인들에게 기도의 필요성, 기도의 본질 그리고 기도의 특별한 유익에 대해 포괄적으로 언급했다. 그중에서도 그는 하나님께서 기도에 응답하신다는 사실을 가장 중요하게 다뤘다. 기도는 시급히 요구되었고, 언제 어디서나 드려져야 했다. 성도들은 정말로 간절히 간구해야 했고, 성령님께 호소해야 했다. 그들은 깨어 인내하며 기도해야 했고, 믿음의 온 가족이 합심하여 기도해야 했다.

기도의 지원이 필요하다

바울이 교인들에게 기도의 지원을 요청한 핵심적 이유는 담대히 막히지 않고 능력으로 복음을 정확히 선포할 수 있는 능력이 그에게 필요했기 때문이다. 그는 자신의 선천적인 재능을 의지하지 않고, 오직 기도의 응답으로 주어지는 능력에 의지했다. 그는 자기가 힘없고 메마른 설교를 하거나 제대로 말하지 못하고 머뭇거리는 설교자가 될까봐 두려워했다. 바울은 자기가 성령의 인도하심으로 분명히 말할 뿐만 아니라 부족함 없이 자유롭게 말할 수 있도록 기도해달라고 교인들에게 간절히 부탁했다.

바울은 자신이 담대해지도록 기도해달라고 그들에게 부탁했다. 설교자에게 가장 요구되는 자질은 담대함이라고 생각된다. 이런 긍정적인 자질을 갖춘 설교자는 결과에 너무 연연하지 않고, 자유롭고 여유 있는 마음으로 위기에 맞서고, 당면한 위험을 헤쳐 나가고, 현재의 사명을 두려움 없이 완수한다. 담대함은 사도들의 설교의 두드러진 특징이었다. 그들은 담대한 사람들이었고, 두려움을 모르는 설교자들이었다. 시련을 능히 이겨낸 사도들에 대한 성경의 기록을 볼 때 우리는 그들의 믿음을 칭찬하지 않을 수 없다.

설교자는 여러 사슬에 얽매일 수 있다. 성품이 부드러운 설교자는 유약柔弱해질 수 있다. 교인들에게 너무 집착하는 설교자는 그런 집착의 굴레에서 벗어날 수 없다. 설교자의 개인적 교분, 교인들에 대한 의무, 심지어 그들을 향한 사랑이 자신의 자유를 억압하고 자신의 설교를 속박할 수 있다. 그러므로 설교자가 그의 본분에 충실하게 그리고 담대히 설교할 수 있도록 그를 위한 기도가 계속 있어야 한다. 교인들은 그들의 설교자를 위하여 기도하고 하나님의 응답을 구해야 한다.

하나님께서는 과거의 선지자들에게 사람의 얼굴을 두려워하지 말라고 명령하셨다. 그들은 적의敵意를 드러내는 얼굴을 두려워하지 말아야 했다. 그들은 구차한 변명, 소심함, 우유부단이나 타협 없이 진리를 선포해야 했다. 그들은 확신과 성실함에서 나오는 열정과 자유, 바위 같은 믿음으로 담대해질 수 있었다. 특히 성령님의 능력이 그들을 담대하게 만들었다. 오늘날 설교자들은 이런 열정과 자유와 굳은 믿음을 간절히 구해야 한다.

온유와 겸손이 설교자들에게 필요한 지극히 중요하고 고상한 덕목이지만, 그렇다고 해서 설교자가 유약해지면 안 된다. 설교자가 담대해져야 한다는 말이 그가 분노 중에 거칠게 말해도 좋다는 말이 아니다. 사람들을 자주 책망하거나 경솔하게 말해도 좋다는 말도 아니다. 설교자의 담대함은 사랑 중에 진리를 말할 수 있는 담대함이다. 무례한 것이 담대함은 아니다. 거친 언행은 담대함을 욕되게 한다. 아기를 안고 있는 엄마처럼 부드럽지만 적敵에게 맞서는 사자처럼 용맹한 것이 담대함이다. 때로는 온순함과 순진함이라는 가면假面을 쓴 소심함 뒤에, 때로는 비겁함이라는 불쾌한 모습 뒤에 두려움이 숨어 있을 수 있는데, 사역자에게는 이런 두려움이 용납되지 않는다. 겸손과 거룩한 담대함을 둘 다 갖추는 것이 중요하다.

사도들로 하여금 두려움 없이 입을 열어 담대히 말씀을 전하도록 한, 신비롭고 강력한 힘은 무엇인가? 이 질문에는 하나의 대답만이 존재할 뿐이다. 그것은 하나님께서 기도에 응답하신다는 것을 알았던 믿음이다!

악惡에게 영향을 주고, 악을 이기어 그것을 선善으로 바꿀 수 있는 것은 무엇인가? 이 질문에 대한 대답은 다음과 같은 사도 바울의 말에서 발견된다.

> 그가 이같이 큰 사망에서 우리를 건지셨고 또 건지시리라
> 또한 이후에라도 건지시기를 그를 의지하여 바라노라 너

> 희도 우리를 위하여 간구함으로 도우라 고후 1:10,11

> 그러면 무엇이뇨 외모로 하나 참으로 하나 무슨 방도로 하든지 전파되는 것은 그리스도니 이로써 내가 기뻐하고 또한 기뻐하리라 빌 1:18

기도는 전도의 문을 활짝 열어준다

우리는 하나님의 약속이 기도를 통해 성도 개개인에게 현실로 이루어지는 것을 본다.

> 하나님을 사랑하는 자 곧 그 뜻대로 부르심을 입은 자들에게는 모든 것이 합력하여 선을 이루느니라 롬 8:28

이것은 보석처럼 귀한 약속이다. 바울은 하나님을 사랑했지만, 오직 이 약속에만 의지하여 이 약속의 복된 결과를 만들어 내려고 했던 것은 아니다. 예를 들면 그는 고린도의 성도들에게 보낸 편지에서 그가 위험에서 벗어난 일에 대해 이렇게 언급했다.

> 그가 이같이 큰 사망에서 우리를 건지셨고 또 건지시리라 또한 이후에라도 건지시기를 그를 의지하여 바라노라 너희도 우리를 위하여 간구함으로 도우라 고후 1:10,11

이 말 속에는 "너희가 기도로써 우리는 돕는다면 하나님께서 그분의 약속을 풍성하게 이루어주실 것이다"라는 뜻이 들어 있다. 바울은 모든 성도들을 위해 간구하라고 부탁했는데(엡 6:18), 특히 그가 사도로서 담대해질 수 있도록 간구하라고 부탁했다. 그에게는 이런 담대함이 필요했다. 하나님께 부름 받은 모든 설교자들에게는 이런 담대함이 필요하다! 기도는 사도들의 사역을 위해 문을 열어 놓는 동시에 사도들이 메시지를 담대하고 진실하게 전하도록 그들의 입술을 열어 놓는다.

바울이 골로새교회에게 하는 말을 들어보자.

> 또한 우리를 위하여 기도하되 하나님이 전도할 문을 우리에게 열어 주사 그리스도의 비밀을 말하게 하시기를 구하라 내가 이것을 인하여 매임을 당하였노라 그리하면 내가 마땅히 할 말로써 이 비밀을 나타내리라 골 4:3,4

오늘날 설교자들이 자신의 교인들에게 이런 기도 부탁을 한다면 얼마나 아름답겠는가! 바울이 자신을 위해 필요하다고 느꼈던 것들은 현대의 설교자들에게도 필요하다!

에베소의 성도들에게 부탁했던 것과 마찬가지로 여기에서도 바울은 하나님께서 전도의 문을 열어 주시기를 원했다. 그렇게 되면 그는 성령님의 자유하심 가운데 복음을 전하고, 아무런 방해를 받지 않고 생각하거나 설교할 수 있게 될 것이었다. 또한 그는 아주 명료한 언어로, 생각의 혼란 없이, 힘 있게 복음을 전할 수 있는 능력을 원했다.

오늘날에도 우리가 기도의 응답을 확신하는 가운데 하나님께 기도한다면 우리의 모든 설교자들에게도 이런 능력이 생길 것이다. 이렇게 기도하는 교인들을 위해 봉사하는 설교자는 복된 설교자이다! 그런데 막중한 사명을 앞에 놓은 설교자가 이런 능력의 필요성을 깊이 느끼고 교인들에게 기도 부탁을 한다면 그는 더욱더 복된 설교자이다!

하나님께서는 기도에 응답하여 시련과 환난과 역경을 복으로 바꾸어 결국 합력하여 선(善)을 이루게 하신다. 바울은 "이것이 너희 간구와 예수 그리스도의 성령의 도우심으로 내 구원에 이르게 할 줄 아는 고로"(빌 1:19)라고 말했다. 오늘날에도 사람들이 "너희도 우리를 위하여 간구함으로 도우라"(고후 1:11)라는 말씀에 따라 설교자들을 기도로 돕는다면 설교자들의 삶에서 시련과 환난과 역경이 은혜로운 복으로 바뀔 것이다. 성도들의 기도가 사도들의 복음 전파를 도왔고, 그들을 위험한 상황에서 건져주었다. 그러므로 오늘날에도 그런 기도는 담대하고 두려움이 없는 설교자들의 신실한 설교에 영향을 미친다.

설교자들의 기도가 열매를 맺듯이, 설교자들을 위한 기도 역시 열매를 맺는다. 훌륭한 설교자의 삶과 사역에서 중요한 것이 두 가지 있다. 하나는 그가 섬기는 교인들을 위해 늘 뜨겁고 끈질기게 기도하는 것이다. 다른 하나는 교인들이 그들의 설교자를 위해 쉬지 않고 기도하는 것이다. 설교자와 교인들이 서로를 위해 기도하는 것은 정말 아름답고 복된 일이다!

바울은 데살로니가의 성도들에게 다음과 같이 간절히 기도 지원을 부탁했다.

> 종말로 형제들아 너희는 우리를 위하여 기도하기를 주의

> 말씀이 너희 가운데서와 같이 달음질하여 영광스럽게 되고 또한 우리를 무리하고 악한 사람들에게서 건지옵소서 하라 살후 3:1,2

말씀이 달음질하여 영광스럽게 되도록 기도하라!

바울은 경주자가 목표 지점을 향해 전력으로 질주하는 모습을 마음에 그려보았다. 경주자의 앞에는 장애물들이 놓여 있기 때문에 그가 달음질에 성공하여 상을 얻으려면 이런 장애물들이 제거되어야 했다. 이 달리는 사람은 바울이 전한 주님의 말씀을 상징한다. 주님의 말씀을 의인화하여 말하자면, 이 말씀이 달리는 길에 만만치 않은 장애물들이 있는 것이다. 말씀은 막히지 않고 자유롭게 달려야 한다. 그러므로 말씀의 달음질을 방해하는 것들은 모두 제거되어야 한다.

주님의 말씀이 달음질하여 영광을 받는 것을 방해하는 장애물들은 설교자 자신에게서, 그가 섬기는 교회에서 그리고 설교자 주위에 있는 죄인들에게서 발견된다. 하나님의 말씀은 달음박질하여 아무런 방해를 받지 않고 죄인들의 마음에 도달하여 그들이 자기 죄를 깨닫게 될 때 영광을 얻는다. 그들이 선포되는 하나님의 말씀에 대하여 진지하게 생각할 때, 마음에 감동을 받아 용서의 은총을 구할 때, 말씀은 달음질한 것이며 영광스럽게 된 것이다. 성도들이 신앙적인 체험을 통해 올바로 배울 때, 교리적 오류와 실천의 실수를 바로잡을 때, 감동을 받아 더욱 고상한 일을 추구할 때, 하나님의 생명을 더욱 깊이 체험하게 해달라고 기도할 때, 말씀이 영광을 받는다.

조심하라. 말씀이 놀라운 성공을 거둘 때 설교자가 영광을 받아서는 안 된다. 사람들이 설교자의 탁월한 설교, 유창한 언변 및 뛰어난 재능 때문에 그에게 영광을 돌려서는 안 된다. 이것은 잘못된 일이다. 사람들이 설교자를 위해 가장 많이 기도한다 할지라도 그는 영광을 받지 말고 뒤로 물러나야 한다.

기도가 이룰 수 있는 것은 많다. 그래서 바울은 "우리를 위하여 기도하라"(히 13:18)라고 계속적으로 간절히 부탁했던 것이다. 그러나 바울은 자신의 개인적 신앙과 생활을 위해 기도해달라고 부탁하지 않았다. 그는 자신의 공적인 사역을 위해 기도를 부탁했던 것이다. 복음의 일꾼으로 일할 때 그에게는 하나님의 기도응답이 필요했다. 말씀을 전할 때 그의 혀가 풀려야 했고, 그의 입이 열려야 했으며, 그의 마음이 그 무엇에도 얽매이지 말아야 했다. 바울은 자신의 구원을 이루기 위한 기도응답이 필요했던 것이 아니라, 올바로 살면서 주님의 말씀을 효과적으로 전하기 위해 기도응답이 필요했다. 그는 자신의 말씀 전파를 물거품으로 만들 수도 있는 걸림돌이 자기에게서 제거되기를 간절히 원했는데, 그렇게 되기 위해서는 기도응답이 필요했다.

또한 바울은 그가 섬기는 교회들에서 말씀 전파의 걸림돌이 모두 제거되기를 원했다. 즉, 교인들이 말씀 전파를 방해하거나 더디게 만드는 일이 일어나지 않기를 원했다. 왜냐하면 말씀이 그 길을 다 달려서 사람들의 마음과 생각에 파고들어야 했기 때문이다. 또한 바울은 구원받지 못한 사람들에게서 생길 수도 있는 걸림돌이 제거되도록 기도했다. 왜냐하면 그가 말씀을 전할 때 그것이 그들의 마음을 변화시켜 그들을 구원함으로써 영광을 받아야 했기 때문이다.

이런 모든 것을 깊이 생각했던 바울은 데살로니가의 성도들에게 "우리를 위해 기도해달라"라고 간절히 부탁했다. 그는 참된 믿음의 사람들이 기도한다면 말씀이 훨씬 더 효과적으로 전파된다는 것을 잘 알았다.

이런 사실을 깨닫는 설교자, 즉 설교자의 성공이 대부분 교인들의 기도 지원에 의해 좌우된다는 것을 깨닫는 설교자는 지혜로운 사람이다. 말씀을 마음에 품고 설교자를 기억하면서 그를 위해 "주의 말씀이 … 달음질하여 영광스럽게 되고"(살후 3:1)라고 기도하는 교회들이 지금 필요하다.

또한 교인들은 "[설교자를] 무리하고 악한 사람들에게서 건지옵소서"(살후 3:2)라고 기도해야 한다. "무리하고 악한 사람들"은 주님의 말씀 전파에 방해가 된다. 많은 설교자들이 이런 사람들에게 시달리는데, 그렇기 때문에 그들에게서 건짐을 받아야 한다. 기도는 설교자들이 이런 사람들에게서 벗어나도록 돕는다. 바울 자신이 이런 사람들에게 시달렸기 때문에 그는 성도들에게 그가 그들에게서 벗어날 수 있도록 기도해달라고 간곡히 부탁했다.

복음 진보의 성패는 기도에 달려 있다

이제까지 한 이야기를 요약해보자. 바울은 주님의 말씀이 자유롭게 달음질하여 널리 퍼지기 위해서는 기도가 필수적이라고 확신했다. 또한 그는 기도하지 않을 때 말씀의 영향력과 영광이 한계에 부딪힌다는 사실을 깨달았다. 성도들이 기도하고 하나님께서 그들의 기도에 응답하실 때 비로소 그가 "무리하고 악한 사람들"에게서 건짐 받고 안전할 수 있었다. 이처럼 성도들의 기도는 바울의 설교에 큰 도움을 주는 동시에 "무리하고 악한 사람들"의 잔인한 음모로부터 그를 보호해주었다.

Secrets of Prayer Answered 14

1 때로는 어린 양처럼 때로는 사자처럼!

설교자의 담대함은 사랑 중에 진리를 말할 수 있는 담대함이다. 무례한 것이 담대함은 아니다. 거친 언행은 담대함을 욕되게 한다. 아기를 안고 있는 엄마처럼 부드럽지만 적에게 맞서는 사자처럼 용맹한 것이 담대한 것이다. 설교자에게는 겸손과 거룩한 담대함을 둘 다 갖추는 것이 중요하다.

2 설교자에게는 기도하는 교인들이 필요하다.

설교자들의 기도가 열매를 맺듯이, 설교자들을 위한 기도 역시 열매를 맺는다. 교인들이 설교자를 위해 쉬지 않고 기도할 때, 그들의 기도는 설교자의 말씀 전파 사역에 큰 도움을 주는 동시에 "무리하고 악한 사람들"(살후 3:2)의 잔인한 음모로부터 그를 보호해준다. 기도하는 교인들을 위해 봉사하는 설교자는 복된 설교자이다!

3 하나님의 말씀이 성공적으로 전파되기 위해서는 기도가 필수적이다.

하나님의 말씀은 달음박질하여 아무런 방해를 받지 않고 죄인들의 마음에 도달하여 그들이 자기 죄를 깨닫게 될 때 영광을 얻는다. 이렇게 말씀이 자유롭게 달음질하여 널리 퍼지기 위해서는 기도가 필수적이다. 기도하지 않을 때 말씀의 영향력과 영광이 한계에 부딪힌다. 참된 믿음의 사람들이 기도할 때 주님의 말씀이 훨씬 더 효과적으로 전파된다는 사실을 기억하라.

> 하나님의 말씀은 살았고 운동력이 있어 좌우에 날선 어떤 검보다도 예리하여
> 혼과 영과 및 관절과 골수를 찔러 쪼개기까지 하며 또 마음의 생각과 뜻을 감찰하나니
>
> 히브리서 4장 12절

응답기도

초판 1쇄 발행	2008년 5월 19일
초판 12쇄 발행	2022년 9월 23일

지은이	E. M. 바운즈		
옮긴이	이용복		
펴낸이	여진구		
편집	이영주 정선경 최현수 안수경 김도연 김아진 정아혜		
디자인	마영애 노지현 조은혜		
홍보·외서	진효지		
마케팅	김상순 강성민 허병용	마케팅지원	최영배 정나영
제작	조영석 정도봉	경영지원	김혜경 김경희 이지수

303비전성경암송학교 유니게과정　박정숙 최경식
이슬비전도학교 / 303비전성경암송학교 / 303비전꿈나무장학회

펴낸곳　　　　규장

주소　06770 서울시 서초구 매헌로 16길 20(양재2동) 규장선교센터
전화　02)578-0003　　팩스　02)578-7332
이메일　kyujang0691@gmail.com　　　홈페이지　www.kyujang.com
페이스북　facebook.com/kyujangbook　　인스타그램　instagram.com/kyujang_com
카카오스토리　story.kakao.com/kyujangbook
등록일　1978.8.14. 제1-22

ⓒ 한국어 판권은 규장에 있습니다.
이 출판물은 저작권법에 의해 보호를 받는 저작물이므로 무단 전재와 무단 복제를 할 수 없습니다.

책값　뒤표지에 있습니다.
ISBN　978-89-6097-055-7　03230

규 | 장 | 수 | 칙

1. 기도로 기획하고 기도로 제작한다.
2. 오직 그리스도의 성품을 사모하는 독자가 원하고 필요로 하는 책만을 출판한다.
3. 한 활자 한 문장에 온 정성을 쏟는다.
4. 성실과 정확을 생명으로 삼고 일한다.
5. 긍정적이며 적극적인 신앙과 신행일치에의 안내자의 사명을 다한다.
6. 충고와 조언을 항상 감사로 경청한다.
7. 지상목표는 문서선교에 있다.

하나님을 사랑하는 자 곧 그 뜻대로 부르심을 입은 자들에게는 모든 것이 合力하여 善을 이루느니라(롬 8:28)

 Member of the
Evangelical Christian
Publishers Association

규장은 문서를 통해 복음전파와 신앙교육에 주력하는 국제적 출판사들의 협의체인 복음주의출판협회(E.C.P.A:Evangelical Christian Publishers Association)의 출판정신에 동참하는 회원(Associate Member)입니다.